AI와 애니메이션 산업

AI문고

인공지능 시대입니다. 기계가 인간의 인지를 대신하고, 사물이 인간을 통하지 않고 다른 사물과 직접 커뮤니케이션합니다. 이에 따른 인간 삶과 문명 변화를 정확히 이해 · 예측 · 대응하는 것은 이 시대 우리 모두의 과제입니다. AI문고는 인공지능 기술과 환경의 여러 주제를 10가지 키워드로 정리합니다. 관련 개념과 이론, 학계와 산업계의 쟁점, 우리 일상의 변화를 다룹니다. 인간과 기술의 현재, 미래를 세심히 분석합니다.

일러두기

- 인명, 작품명, 저서명, 개념어 등은 한글과 함께 괄호 안에 해당 국가의 원어를 병기했습니다.
- 외래어 표기는 현행 어문규정의 외래어표기법을 따랐습니다.

처음이세요?

전문가세요?

AI와 애니메이션 산업

오동일

대한민국, 서울, 커뮤니케이션북스, 2025

AI와 애니메이션 산업

지은이 오동일
펴낸이 박영률

초판 1쇄 펴낸날 2025년 4월 28일

커뮤니케이션북스(주)
출판 등록 2007년 8월 17일 제313-2007-000166호
02880 서울시 성북구 성북로 5-11
전화(02) 7474 001, 팩스(02) 736 5047
commbooks@commbooks.com
www.commbooks.com

ISBN 979-11-7307-888-0 03500

책값은 뒤표지에 표시되어 있습니다.

차례

AI + 애니메이션 vii

01 애니메이션 산업과 제작 기술의 발전 1

02 애니메이션 산업과 생성형 AI 11

03 생성형 AI 기반의 애니메이션 제작 21

04 생성형 애니메이션의 미학 31

05 프롬프트 애니메이션 39

06 페르소나 애니메이션 51

07 생성형 애니메이션 창작자와 소비자 63

08 AI와 애니메이션 산업의 확장 75

09 생성형 애니메이션 제작 교육 87

10 AI와 애니메이션 산업의 미래 97

AI + 애니메이션

AI 기술을 바라보는 시각

최근 AI(Artificial Intelligence) 기술은 제조, 유통, 의료 분야 등의 산업뿐만 아니라, 문화콘텐츠 산업 전반에 걸쳐 지금까지 출현했던 그 어떤 디지털 신기술보다 빠르게 적용, 도입되면서 기획-제작-유통-소비로 이어지는 산업 생태계에 급속한 변화를 일으키고 있다.

기획, 제작, 유통, 소비의 각 단계는 유기적인 순환 관계이기 때문에 상호의존적, 상호보완적이다. 그러므로 애니메이션 산업에서 디지털 신기술의 실질적인 진가가 드러나기 위해서는 생태계 전체가 해당 기술을 적극적으로 수용, 활용해야 하고, 특정 단계에서 활용되는 것만으로는 산업적으로 긍정적인 변화를 기대하기 쉽지 않다.

생성형 AI(generative artificial intelligence) 기술은 이미 애니메이션 제작 과정의 여러 다양한 작업을 수행하고 있지만 아직은 파편적으로 활용되고 있을 뿐이다. 그럼에도 생성형 AI 기술은 이제껏 우리가 관습적으로 수용했던 미학적 틀을 넘어 혁신적이며 창의적인 기회를 폭넓게 만들어내고 있다.

이미지 생성형 AI '달리(DALL-E)'의 서비스를 통해 영상 제작 분야의 혁신을 주도했던 OpenAI는 최근 동영상 생성형 AI '소라(Sora)'의 서비스를 본격적으로 시작했다. Google도 '베오 2(Veo 2)'를 출시하면서 동영상 생성형 AI 시장의 확대와 경쟁이 가속화되었다. 생성형 AI를 부분적으로 활용했던 이전과 달리 이제 프롬프트(prompt)를 입력하는 것만으로 '카툰 스타일(cartoon style)'의 캐릭터 애니메이션 등 여러 장르의 애니메이션을 제작할 수 있다는 것은 앞으로 펼쳐질 애니메이션 산업의 미래를 보여주는 놀라운 사례라고 할 수 있다. 이는 100여 년 넘게 견고하게 지켜져 온 애니메이션 제작 과정과 형식에 대한 혁신적인 변화를 예고하는 것이기도 하다.

더 나아가, '소라'가 보여준 새로운 패러다임의 애니메이션 제작 방식은 창작과 소비 주체의 벽을 허물어 수많은 창작자를 새롭게 유입시킴으로써 애니메이션 산업을 풍요롭게 만드는 토대가 될 것이다. 다시 말하면, '소라'와 같은 생성형 AI 기술 기반의 애니메이션(이하, 생성형 애니메이션 2.0 혹은 생성형 애니메이션) 제작 플랫폼은 제작의 편의성과 효율성을 통해 애니메이션 시장의 다양성을 확보하는 데 중요한 축을 담당할 것이다. 이처럼 생성형 AI 기술은 애니메이션의 제작 영역을 확장하고 새로운 미학적 형식을 창출함으로써 애니메이션 산업의 도약과 성장을 위한 근간을 마련해 줄 것이다.

이 책은 이러한 산업적인 추세와 요구를 반영한 논의들의 실용적 가치를 높이기 위한 것이다. '소라'의 서비스 시작을 기점으로 애니메이션 산업의 변화와 발전을 이끌 것으로 기대되는 생성형 애니메이션 2.0을 다양한 관점에서 접근했다(제2장 '애니메이션 산업과 생성형 AI' 참고). 이를 통해 생성형 AI 기술에 대한 부정적인 시각과 달리 이를 수용적 관점에서 폭넓게 바라볼 수 있기를 기대한다.

신기술 생성형 AI와 성장의 힘

'소라'의 서비스 이전, 생성형 AI 기술은 전통적인 애니메이션 제작 과정에서 부분적인 작업에 주로 활용됐다. 그러나 지금은 생성형 AI 기술로 프롬프트를 입력하는 것만으로 '장면(scene)' 단위의 애니메이션(5장 '프롬프트 애니메이션' 참고)을 생성할 수 있고, 실사 기반의 1인 미디어처럼 3D 캐릭터로 실시간 소통하는 애니메이션(제6장 '페르소나 애니메이션' 참고)까지 제작할 수 있는 혁신적인 시대를 맞이하게 됐다.

이런 시대 상황에서 우리는 생성형 AI 기술을 어떻게 바라봐야 할까? 구체적으로는, 생성형 AI가 만들어 내는 새로운 이세계(異世界)에서 우리는 어떻게 살 것인가? 이러한 질문에 대한 보편적이고 수용 가능한 답을 찾기는 어려울 것이다. 이 책은 그 질문에 대한 긍정적인 시각들을 검토한다. 생성형 AI 기술의 산업적 양면성을 한 권의 얇은 책에 담아내는 것은 불가능하다. 다만 우리가 검토한 여러 단면들을 토대로 독자들이 생성형 AI에 대한 자신의 목표를 설정할 수 있기를 바란다.

생성형 AI 기술을 긍정적인 관점에서 접근한 주된 이유는 애니메이션의 역사에서 찾을 수 있다. 애니메이션 분야는 태생적으로 기술 친화적인 특징을 지니고 있다. 애니메이션의 역사에는 뛰어난 애니메이터의 미학적 역량에 우수한 제작 기술과 장치가 뒷받침되어 제대로 빛을 발할 수 있었던 경우가 산재한다.

더욱이 신기술의 출현과 융합이 애니메이션 산업에 부정적인 영향을 미친 사례는 찾기 쉽지 않다. 이와 반대로, 신기술의 도입은 애니메이션 산업의 급성장을 이루어 냈고, 애니메이션 제작 영역을 확장시킴으로써 산업 전반이 확대되는 긍정적인 결과를 낳았다.

실사영화(이하, 영화)만큼 긴 역사를 지닌 애니메이션 미학이 안정적으로 발전할 수 있었던 것은 생동감 넘치는 새로운 차원의 애니메이션을 제작하고자 했던 창작자들의 욕구가 큰 힘을 발휘했기 때문이다. 실제로, 애니메이션 산업 초기의 선구자들은 애니메이션 제작과 관련된 혁신적인 아이디어를 실현하기 위해 애니메이션 제작 기법과 장치에 대한 도전적이며 실험적인 탐색을 멈추지 않았다. 이제 생성형 AI에 대해서도 우리가 이를 긍정적으로 바라본다면 우리 모두 미래 애니메이션 산업의 혁신을 주도하는 선구자가 될 수 있을 것으로 믿는다.

AI + 애니메이션 산업에 관한 10개의 주제

이 책에 담긴 10개의 주제는 먼저 생성형 AI 기술을 산업적 관점에서 긍정적으로 바라볼 수 있는 배경과 이유를 설명한 뒤, 생성형 AI 기술과 애니메이션 산업의 발전적인 융합을 위해 그 실천 방향과 활용 방안을 다각적인 시각으로 접근했다.

10개의 주제는 유기적으로 연결되어 있으며, 이를 관통하는 화두는 '생성형 AI 기술과의 융합과 애니메이션 산업의 미래'다. 기술적으로 아무리 우수한 디지털 신기술일지라도 관련 콘텐츠가 원활하게 공급되는 산업 생태계가 조성되어 있지 않다면 기술의 가치는 하락할 수밖에 없다. 그러므로 이 책은 생성형 AI에 대한 기술적 논의보다 앞서 언급한 우리의 화두와 관련된 긍정적인 시각들을 미래지향적인 관점에서 설명하고 있다.

1장에서는 애니메이션 산업의 발전 과정에서 생성형 AI 기술을 긍정적으로 바라봐야 할 역사적 배경을 살핌으로써 생성형 AI 기술과 애니메이션 산업의 융합이 빚어낼 혁신적인 변화에 대해 독자 스스로 고찰하도록 했다. 특히 21세기 초 애니메이션 산업과 CGI(Computer-Generated Imagery) 기술의 융합으로 영화 속에 애니메이션의 영역이 확대되었던 점은 생성형 AI 기술과의 미래를 모색하는 지금의 우리에게 던지는 의미가 매우 크다.

2장에서는 애니메이션 산업 현장에서 생성형 AI 기술을 어떻게 바라보고 있는지를 설명한 뒤, 생성형 AI 기술의 활용으로 생성된 결과물의 산업적 의미에 관해 논했다. 최근 애니메이션 산업에서는 생성형 AI 기술이 지닌 산업적 파급효과와 활용 가능성에 대해 높이 평가하고 있다. 실제로 생성형 AI는 애니메이션 제작 도구로서 뛰어난 효율성을 보여주고 있고, 이를 반영하듯 부분적이고 제한적이긴 하지만 애니메이션 제작의 세부 업무에서 생성형 AI를 활용하는 사례가 많아졌다. 그러나 생성형 AI '소라'가 공식 서비스를 시작한 후 애니메이션 산업에서는 생성형 AI 기술을 바라보는 시각의 변화가 나타나고 있다.

생성형 AI 기술에 관한 애니메이션 산업계의 전반적인 시각은 제작 과정에서의 부분적인 활용보다는 하나의 애니메이션을 놀라운 수준의 미학으로 제작할 수 있는 창조적인 생성 능력에 주목하고 있다. 즉, 애니메이션을 산업적으로 제작하기 위한 하나의 창작 도구로서 바라보는 시각이 더 큰 비중을 차지한다.

3장에서는 생성형 AI와 애니메이션 산업의 융합으로 나타날 애니메이션 제작 방식의 장점, 그리고 이를 통해 얻을 산업적 가치를 살펴보았다. 디지털 제작 방식의 2D 애니메이션 분야에서는 이미 캐릭터 애니메이션의 원화만 그리면 동화가 자동화되어 생성되는 기술이 서비스되고 있었으나, 미세한 표정 등의 표현을 위한 애니메이션은 여전히 애니메이터가 직접 작업해야만 했다. 이러한 이유로 AI 기술 초기만 하더라도 애니메이션 산업계에서는 AI 기술의 산업적 활용성에 대해 한계가 있을 것으로 내다봤다. 그러나 생성형 AI 플랫폼에 프롬프트를 입력하는 것만으로도 미학적 수준이 높은 생성형 애니메이션을 만들 수 있게 되면서, 산업계에서는 애니메이션 제작의 혁신적인 변화와 확장을 기대하고 있다. 실제로, 그와 같은 생성형 AI의 기술적 환경은 창작자의 창의성을 강화해 주고, 애니메이션 콘텐츠의 다양성을 넓히는 토대를 만들 수 있을 것이다.

4장에서는 생성형 AI 기반의 애니메이션이 지닌 미학적 정체성에 관해 논했다. 앞서 말했듯, 생성형 AI 기술은 최신 디지털 신기술이자 애니메이션 산업 전반에 큰 변화와 발전을 이끌 혁신적인 기술이다. 물론 생성형 애니메이션의 제작 과정에서도 전통적인 애니메이션의 조형적 요소들이 미학적으로 적용되고 있으며, 생성형 애니메이션에서도 애니메이션 미학의 본질적인 특징인 초실감(hyper-reality)이 구현되고 있다. 이처럼 생성형 애니메이션은 전통적인 애니메이션과 제작 방식에서 뚜렷한 차이가 있지만, 미학적 정체성은 전통적인 애니메이션에서 경험할 수 있는 미학적 틀에서 크게 벗어나지 않는다.

5장에서는 생성형 애니메이션의 대표적인 유형인 프롬프트 애니메이션의 형식과 미학적 특징에 관해 설명했다. 프롬프트 애니메이션의 제작 형식은 주로 애니메이터의 예술적 영감과 미학적 감각에 의지했던 전통적인 애니메이션 제작 방식의 한계를 넘어설 수 있는 혁신적인 창작 과정이다. 특히, 텍스트 기반의 프롬프트가 지닌 표현 범위의 문학적 확장성은 조형적 요소들로 구성된 다양한 양식의 애니메이션으로 생성될 수 있다.

이러한 제작 과정에서 창작자가 의도한 장면을 생성하기 위해서는 캐릭터의 연기적 행위와 장면을 구성하는 모든 조형적 요소들에 대한 묘사와 설명이 담긴 프롬프트의 입력을 수없이 반복해야만 한다. 이 점에서 프롬프트 애니메이션 제작에는 영상 제작 기술에 대한 지식과 애니메이션 창작 경험이 풍부한 전문적인 창작 집단이 보다 유리하다고 할 수 있다. 그러므로 프롬프트 애니메이션이 신세대에게 상대적으로 유용하다는 보편적인 인식을 재고할 필요가 있다.

6장에서는 생성형 애니메이션의 대표적인 유형인 페르소나 애니메이션의 형식과 그 미학적 정체성, 아울러 애니메이션 산업의 확장을 위한 산업적 가치를 논했다. 페르소나 애니메이션은 일종의 행위자인 창작자가 자신을 대체한 3D 캐릭터를 매개로 자신의 외적 인격인 페르소나를 자유롭고 다양하게 발현할 수 있게 해준다. 페르소나 애니메이션의 가장 큰 장점은 애니메이션 스토리텔링의 확장성이라고 할 수 있다. 이제껏 우리가 경험한 전통적인 애니메이션에서는 하나의 캐릭터가 변신하거나 서사적으로 다면적인 인물을 구현하지 않는 이상 작품 속에서는 성격적, 외형적으로 고정된 캐릭터로 등장했던 것이 일반적이었다.

그런 점에서 페르소나 애니메이션은 캐릭터의 다원적인 형상화가 가능할 뿐 아니라 기존 애니메이션의 서사 형식과 달리 1인 미디어 형식의 스토리텔링을 흥미롭게 이어갈 수 있을 것이다. 누구나 쉽게 제작할 수 있는 페르소나 애니메이션의 편리성은 실사 기반의 1인 미디어 산업처럼 애니메이션 산업의 양적 팽창을 주도할 것으로 기대되고 있다.

7장에서는 생성형 애니메이션 시장의 활성화를 주도할 창작과 소비 집단에 대해 논했다. 애니메이션 산업이 발전하고 확장되기 위해서는 창작과 소비 집단의 양적 확대가 선행되어야 한다. 이 점에서 생성형 애니메이션은 제작 기술과 자본 문제로 애니메이션 제작을 하지 못했던 잠재적인 창작자들에게 매우 유용한 제작 형식이 될 것이다.

특히, 플랫폼을 기반으로 한 생성형 애니메이션의 창

작과 소비 집단은 1인 미디어 산업의 급성장을 주도하고 있는 주요 집단과 일치할 것으로 보인다. 그 집단의 특성을 고려할 때, 생성형 애니메이션의 세계는 자유롭게 선택하고 표현하며 소통하는 창작 놀이의 공간으로 인식될 것이고, 그 집단은 생성형 AI 기술과의 융합으로 촉발된 애니메이션 산업 전반의 변화와 성장에 가장 큰 원동력이 될 것이다.

8장에서는 생성형 AI 기술과의 융합을 통한 애니메이션 산업의 확장을 위한 전략적 방안을 여러 관점에서 설명했다. 하나의 산업이 안정적으로 성장하기 위해서는 선강한 숲처럼 산업 생태계 안에 다양한 성장 요소들이 조성되어야 한다. 애니메이션 산업이 이를 달성하기 위해서는 창작과 소비 집단의 빠른 유입을 유도할 플랫폼 기반의 산업 생태계가 시급히 구축되어야 한다.

플랫폼 기반의 산업적 변화 속에서 생성형 애니메이션의 제작 방식은 그 편의성과 효율성으로 급변하는 시장의 흐름과 수요자의 요구에 빠르게 반응할 것이다. 또한 1인 미디어 형식의 페르소나 애니메이션은 수많은 캐릭터의 양적 팽창과 다양한 채널의 확대를 통해 실사 중심의 영상 산업 속에서 애니메이션 산업의 영향력과 파급력을 높일 것이다.

9장에서는 생성형 애니메이션 제작 교육에 대해 논했다. 가장 길고 넓게 설명해야 할 주제이지만 우리에게 주어진 지면은 한정적이다. 여기서는 교육의 목적과 방향, 그리고 생성형 애니메이션의 대표적인 두 유형인 프롬프트 애니메이션과 페르소나 애니메이션의 제작 교육에 관해 한정했다.

특히, 프롬프트 애니메이션과 페르소나 애니메이션은 제작 방식에서 분명한 차이가 있다. 그러나 제작 교육과정은 두 애니메이션의 형식적 차이와 상관없이 문학, 회화, 디자인, 연기, 조명, 촬영, 편집 등 여러 분야의 이론적, 실무적 교육이 똑같이 적용된다.

마지막으로 10장에서는 AI 기술과의 융합으로 빚어질 애니메이션 산업의 미래에 대해 설명했다. 생성형 애니메이션은 제작의 편의성과 효율성으로 오랫동안 침체되었던 애니메이션 산업의 활성화에 크게 일조할 것이며, 그것이 전통적인 애니메이션 산업 분야를 위협하거나 대체할 가능성은 매우 희박해 보인다. 실사 기반의 영상 산업 분야에서와 마찬가지로 애니메이션 산업의 생태계도 플랫폼을 기반으로 더욱 확장될 것이며, 이로써 전통적인 극장용 장편 애니메이션, TV 시리즈 애니메이션, 생성형 AI 기반의 프롬프트 애니메이션, 페르소나 애니메이션이 각각 고유의 산업 영역을 견고하게 구축, 우호적인 공존 관계를 이룰 것으로 전망된다.

생성형 애니메이션? AI 영화?

생성형 AI 기술을 기반으로 한 영상 이미지를 전통적인 영화의 미학적 범주에 선뜻 포함시키기에는 논쟁의 여지가 없지 않다. 우리는 무엇이 옳고 그른지를 판단하기 위한 논점을 펼치는 것이 아니라 모두가 이 문제를 고찰할 수 있는 여러 시각적 관점을 제공하고자 했다.

영화 산업은 생성형 AI 기술에 매우 적극적이다. 권한슬 감독은 미스터리 공포 장르인 〈원 모어 펌킨(One More Pumpkin)〉(2023)으로 제1회 아랍에미리트(UAE) 두바이 국제 AI 영화제에서 대상을 수상했다. 이 작품은 시골 마을에서 호박 농장을 운영하는 한 노부부가 200살이 넘도록 살아남을 수 있었던 신비로운 비밀을 보여준다. 전체 분량은 3분이지만 한국적인 이미지를 서양의 핼러윈 문화와 접목하여 신선한 영상 이미지를 보여주었을 뿐만 아니라, 공포감 짙은 영상미와 독창적인 구도를 효과적으로 표현했다. 무엇보다 작품의 스토리텔링을 구성하는 모든 장면과 인물이 실사 촬영이나 CG(computer graphics)의 보정 없이 생성형 AI만으로

단 5일 만에 제작됐다(엄길수, 2024). 이 작품은 생성형 AI 기술을 활용해 성공적으로 제작한 선도적인 사례로 기억될 것이다.

국내에서도 2024년 제28회 부천국제판타스틱영화제(BiFan)의 '부천 초이스' 부문에서 AI 기반 영화의 가능성을 모색하는 자리가 마련됐다. 〈원 모어 펌킨〉을 비롯해 박성원의 〈언더 더 사인 오브 더 문(Under the Sign of the Moon)〉(2024), 레오 캐논(Leo Cannone)의 〈할머니들은 어디로 떠난 걸까?(Where Do Grandmas Go When They Get Lost?)〉(2024), 야마구치 히로키(Yamaguchi Hiroki)의 〈발전의 주기(Improvement Cycle)〉(2024), 배준원의 〈폭설(Snowfall)〉(2024) 등 다양한 주제와 소재의 이야기를 생성형 AI를 기반으로 제작한 국내외 여러 작품이 출품됐다.

부천국제판타스틱영화제 홈페이지에 공개된 각 작품의 제작 과정에 관한 감독들의 설명을 보면, 각자 자신이 의도한 장면을 생성하기 위해 이미지 생성 AI 미드저니(Midjourney), 스테이블 디퓨전(Stable Diffusion), 컴피이유아이(ComfyUI), 어도비(Adobe)의 파이어플라이(Firefly), 동영상 생성 AI 런웨이(Runway), 음악 생성 AI 수노(Suno) 등을 단계적으로 선택하고 활용했다. 즉, 그들의 제작 과정은 생성형 AI를 통해 이미지와 공간적 형태를 생성함으로써 조형예술의 창작 과정과 크게 다를 바 없는 미학적 특성을 보여주고 있다. 다시 말해, 생성형 AI 기반의 제작 과정에서 의도한 장면의 이미지를 프롬프트로 묘사하고 입력하는 것은 형식적으로는 이미지와 형태를 만들어가는 조형적인 과정으로 볼 수 있다는 것이다.

즉, 시각적 관점에서 볼 때, 생성형 AI를 기반으로 생성된 동영상이 조형예술의 대표적인 분야인 애니메이션이라고 해도 크게 무리가 없을 것이다. 물론 영화도 화면 구성이나 조명, 색채, 세트 등을 통해 공간과 형태를 창조한다는 측면에서 대표적인 조형예술임은 물론이다. 다만 스토리텔링의 핵심적인 요소인 극중 인물까지 조형적으로 생성했다면 그것은 영화의 하위 유형이 아닌 3D 캐릭터 애니메이션이라는 독립적인 예술 형식으로 보는 것이 바람직할 것이다.

영화와 애니메이션의 주요 차이점을 제작 방식과 의미 작용의 매개로 구분하는 것도 하나의 방법이 될 것이다. 영화 제작 방식은 카메라와 조명 등을 활용해 배우, 환경, 세트 등을 촬영하는 것이 주된 작업이다. 즉, 영화는 주로 현실 세계를 반영하고, 연출이나 서사적 필요에 따라 CG와 특수효과 등을 활용해 물리적 제약 없이 감독의 상상력을 조형적으로 극대화할 수 있다. 반면 애니메이션은 크게 2D와 3D 방식으로 제작되며, 태생적으로 이미지와 공간의 형태를 조형적으로 구축하는 예술 분야다. 특히, 3D 컴퓨터 애니메이션의 경우는 관련 소프트웨어를 활용해 배경을 포함한 캐릭터 디자인부터 모델링, 애니메이션까지 형태와 동적 요소 모두 시각적으로 형상화한다.

애니메이션은 어원상 '사물에 생명력을 불어넣는 과정'을 뜻한다. 실제로, 캐릭터 애니메이션 제작 과정에서는 무생물 캐릭터를 시각적으로 형상화하고, 애니메이션 기법을 통해 생동감 있는 동작을 만들어내는 전 과정을 조형적인 작업으로 완성한다.

이런 맥락에서 생성형 AI 기술 기반의 동영상 제작 과정에서는 창작자가 의도한 장면을 프롬프트를 통해 명확하게 설명하고 묘사해야 한다. 이 과정에서 장면을 구성하는 조형적 요소에 대해 구체적인 묘사를 해야만 창작자가 의도한 정확한 결과물을 생성할 수 있다. 그러므로 프롬프트의 입력을 단순히 창작자가 원하는 장면에 대한 묘사나 설명으로만 봐서는 안 될 것이다. 즉, 창작자는 실재 같은 장면을 생성하기 위해 개선된 프롬프트의 입력을 반복적으로 진행하며, 이는 애니메이션 제작 과정과 마찬가지로 초실감을 형상화하는 조형적인 작업이라고 할 수 있다. 이러한 관점에서 볼 때, 생성형 AI 기술을 통해 생성된 동영상은 형식적으로나 미학적으로나 생성형 애니메이션으로 보는 것이 바람직할 것이다.

참고문헌

EBS 뉴스(2024.6.3). 남아공 월드컵 카운트다운. 3D 특수 '후끈', https://v.daum.net/v/20100603143046418

MBN 뉴스(2010.7.4). '제작비 0원' AI 영화.. 영화 제작 패러다임 바꿀까, https://www.youtube.com/watch?v=byLNvv7LtDo

경기콘텐츠진흥원(2024), AI필름이라는 장르를 개척하다, https://www.youtube.com/watch?v=oZeVm-b55F4

김유태(2024.6.21). 200살 넘은 노부부의 비밀, 쫄깃쫄깃 무섭네... 배우, 카메라 없이 만든 한국 영화. ≪매일경제≫, https://www.mk.co.kr/news/culture/11048235

부천국제판타스틱영화제. https://www.bifan.kr/

엄길수(2024.6.29). 배우 없이 AI로 만든 공포영화–'원 모어 펌킨(One More Pumpkin)'. ≪바로뉴스≫, https://www.baronews-k.com/news/articleView.html?idxno=1846

01
애니메이션 산업과 제작 기술의 발전

애니메이션 산업은 애니메이션 제작 기술의 연구와 개발을 통해 성장을 거듭해 왔다. 신기술의 출현과 융합은 애니메이션 산업에 부정적인 영향을 미치기보다는 오히려 산업적 발전과 확장을 이끌었다. 신기술은 유능한 이야기꾼에게 더 큰 창조적 힘을 발휘할 수 있게 해 주었다. 이러한 사실에서 AI 기반의 애니메이션 제작 기술은 제작의 효율성을 높여줄 뿐만 아니라, 애니메이션 산업의 확장을 위한 혁신적인 기회를 만들어 줄 것이다.

AI와 1인 창업?

애니메이션 미학의 출현

세계 최초의 애니메이션은 에밀 콜(Émile Cohl)이 제작한 〈팡타스마고리(Fantasmagorie)〉(1908)로, '메타모포시스(metamorphosis, 변형)'라는 애니메이션 고유의 미학적 기법이 처음으로 시각적으로 표현된 작품이기 때문이다.

영화감독이자 이론가였던 세르게이 예이젠시테인(Sergei Eisenstein)은 애니메이션 이미지의 '변형'에 대해, 캐릭터 등으로 표현하는 모든 가능한 움직임을 원시의 원형질처럼 다양하고 자연스럽게, 점진적으로 보여줄 수 있는 무한한 힘과 같은 능력이라고 설명했다(Leyda, 1986). 그리고 그와 같은 애니메이션의 연속성을 통해 하나의 이미지를 완전히 다른 이미지로 변형하거나, 이미지를 부드럽게 연결하는 것이 가능해졌다.

특히, 메타모포시스라는 표현 양식을 통해 논리적인 전개에 저항하거나 물리적 공간에 대한 환상을 붕괴시켜 공포와 유머, 꿈과 현실, 확신과 추측을 융합시킬 수 있는 것이다(Wells, 1998). 이러한 관점에서 콜은 세계 최초로 선으로 그려진 캐릭터들을 자연스럽게 변형하고 이어주는 조형적인 애니메이션 이미지로 표현했다. 그것은 애니메이션이라는 예술 양식의 미학적 정체성을 명확하게 구분하여 대중적으로 알린 것이기도 하다.

애니메이션 산업의 발전

애니메이션 산업이 본격적으로 발전하기 시작한 것은 윈저 매케이(Winsor McCay)의 〈공룡 거티(Gertie the Dinosaur)〉(1914)가 발표된 이후다. 당시 광고 문구를 보면, "그녀는 먹고 마시고 숨을 쉰다. 그녀는 웃고 운다. 그러나 그녀는 인류가 지구에 존재하지 않았던 수백만 년 전에 살았으며, 그 이후로 결코 볼 수가 없었다"라고 작품 속 캐릭터를 묘사했다(Maltin, 1987). 이를 통해 짐작할 수 있듯이 〈공룡 거티〉에서 보이는 캐릭터 애니메이션은 동시대 애니메이션 산업 종사자들에게는 놀라운 것이었다. 캐릭터 '거티'의 애니메이션은 단지 움직임이 아닌 '생명력의 환영(illusion of life)'을 보여준 것이다. 즉, 그것은 "생명을 불어넣는다(to give life to)"라는 '애니메이션(animation)'의 어원적 의미를 조형적으로 잘 표현한 것이다.

애니메이션 산업 초기만 하더라도 애니메이션은 단순히 움직이는 만화 정도로만 인식됐다. 실제로, 당시 작품들에서 보이는 애니메이션은 부자연스럽고 움직이는 그림 수준에 머물렀다. 그 누구도 애니메이션이 움직이는 그림이라는 사실을 숨기려고 노력하지 않았다. 디즈니 스튜디오의 초기 작품들도 대동소이했다(Culhane, 1988). 그런데 인류가 단 한 번도 보지 못한 공룡 캐릭터 '거티'가 보여주는 기쁨과 슬픔, 분도 등의 감정과 생명력은 다른 차원의 애니메이션 미학을 향한 창작 동기를 부여하기에 충분했다. 애니메이션 산업이 본격적으로 발전하게 된 출발점이었다.

애니메이션 산업과 신기술

애니메이션 산업의 발전은 매체의 특성상 제작 기술의 끊임없는 연구와 개발을 통해 이루어졌다. 시작은 매케이의 〈공룡 거티〉였지만, 그의 제작 방식은 수없이 많은 그림을 반복적으로 베껴 그려야 했기 때문에 제작 시간과 비용상 적용이 쉽지 않았다. 그러한 문제점을 해결하고 제작의 효율성을 높이기 위해 여러 제작 기법과 장치가 만들어지기 시작했다. 대표적인 것은 1915년 얼 허드(Earl Hurd)와 존 브레이(John Bray)가 만든 '셀 애니메이션(cel animation)'이다. 그것은 각 프레임(frame)의 이미지 일부를 반복 사용할 수 있게 함으로써 제작 시간과 비용을 현저히 줄여주었다. 셀 애니메이션 방식은 전통적인 2D 애니메이션 산업이 거의 한 세기 동안 발전할 수 있었던 토대가 됐다.

1930년대 〈베티붑(Betty Boop)〉, 〈선원 뽀빠이(Popeye the Sailor)〉 등을 제작한 플라이셔 스튜디오(Fleischer Studio)의 막스 플라이셔(Max Fleischer)는 애니메이터의 상상력으로만 그려진 애니메이션을 실제 움직임과 부합하지 않는 부자연스러움으로 바라봤다. 그는 1917년 특허권을 얻은 '로토스코프(rotoscope)' 장치를 통해 실사 동작의 움직임을 프레임 단위로 직접 베껴 그리는 '로토스코핑(rotoscoping)' 기법으로 애니메이션 제작을 시작했다(Cabarga, 1976).

역사적으로, 로토스코프 장치와 로토스코핑 기법은 애니메이션 산업에서 계속 여러 목적으로 사용됐다. 1930년대 디즈니 스튜디오는 〈백설 공주와 일곱 난쟁이(Snow White and the Seven Dwarfs)〉(1937)를 제작하며 인간 캐릭터의 동작 분석을 위해 로토스코핑 기법을 활용했다. 그 과정에서 전통적인 2D 애니메이션에서부터 3D 컴퓨터 애니메이션에 이르기까지 고유의 초실감을 구현하기 위해 폭넓게 적용될 애니메이션 원리가 정립되기도 했다(Thomas & Johnston, 1995).

디즈니 스튜디오의 CEO 밥 아이거(Bob Iger)가 언급한 것처럼, 월트 디즈니(Walt Disney)도 스튜디오 초창

기에서부터 더 나은 애니메이션 스토리텔링을 위한 기술의 활용이 얼마나 중요한지 인식하고 있었다. 그는 뛰어난 이야기꾼의 손에 담긴 기술이 엄청난 힘을 발휘할 수 있다는 것을 잘 알고 있었다. 실제로, 디즈니 제국의 토대라고 할 수 있는 디즈니 스튜디오 최초의 유성 애니메이션인 〈증기선 윌리(Steamboat Willy)〉(1928)의 성공은 기술에 대한 그의 믿음이 확고했기 때문에 가능했다. 당시 유성 애니메이션은 투자 규모가 매우 커서 대부분의 스튜디오가 쉽게 시도하지 못했다. 그러나 월트는 자신이 직접 '미키 마우스(Mickey Mouse)' 캐릭터의 목소리를 담당하는 등 의욕적으로 제작을 이끌며 애니메이션과 음악의 완전한 동기화를 보여주었다. 이를 통해 유성 시대를 맞이한 디즈니 스튜디오는 애니메이션의 음악적 요소를 중요시하며 차별적인 미학적 정체성을 구축해 나갔다.

그뿐만 아니라 동시대 영화적 관습에 익숙한 관객의 눈높이에 맞추기 위해 여러 기술과 장치 개발을 계속했다. 예를 들어, 2D 애니메이션이 지닌 평면성의 한계를 넘어서 자연스러운 원근감으로 이야기와 표현의 깊이를 더하기 위해 '멀티플레인 카메라(multi-plane camera)'를 개발했을 뿐만 아니라, 색채와 조명의 효과, 비와 바람, 번개, 잔물결 등 다양한 장면 효과 등에 대한 연구를 통해 입체적이며 생동감 넘치는 스토리텔링을 가능하게 했다.

이렇듯 디즈니 스튜디오가 전통적으로 보여준 신기술의 적극적인 수용은 한 세기가 지난 지금 AI 기술의 대대적인 수용으로 나아가고 있다. 그들은 제작비 절감과 효율성 증대뿐만 아니라, 더 나은 이야기를 들려줄 수 있는 기술적인 창작 도구로 AI를 바라보고 있다. 실제로, 디즈니 스튜디오는 AI의 도입으로 제작 인력의 고용 불안정성이 커질 수 있다는 사실을 인식하면서도 포스트 프로덕션 단계에서의 후반 작업과 시각적 효과 강화에 초점을 맞춘 대규모 AI 통합과 적용을 추진하고 있다. 이처럼 전 세계 엔터테인먼트 시장에서 큰 영향력을 행사하는 디즈니 스튜디오의 급진적인 행보로 AI 기술이 애니메이션 산업 전반에 미치게 될 큰 파급력은 계속될 것으로 예상된다.

디지털 신기술과 애니메이션의 종말

애니메이션 산업의 중심이 전통적인 2D 애니메이션에서 3D 컴퓨터 애니메이션으로 이동하게 된 주요 배경에는 CGI(Computer-Generated Imagery)라는 디지털 신기술이 출현했기 때문이다. 그리고 CGI 기술을 통해 애니메이션 제작의 효율성이 높아졌을 뿐만 아니라 애니메이션의 영역이 영화 등 다양한 영상 분야로 빠르게 확장되었다.

2000년대 초반 실사 동작의 데이터를 애니메이션에 적용하는 '모션 캡처(motion capture)' 기술이 등장했을 때는 애니메이터의 일자리를 빼앗을 혐오스럽고 두려운 것으로 바라봤다. 그러나 배우 톰 행크스(Tom Hanks) 등의 실사 동작을 모션 캡처를 통해 캐릭터 애니메이션 전 과정에 적용한 〈폴라 익스프레스(The Polar Express)〉(2004)에 대한 미학적 평가는 그리 좋지 않았다. 그것은 애니메이션 작품의 캐릭터가 실제 인간이 아니면서도 인간의 모습과 움직임으로 정서적 호감을 주다가 어느 순간 기이함과 불쾌감을 느끼게 했기 때문이다. 그러자 전통적인 애니메이션의 원리를 기반으로 초실감을 구현하는 애니메이터의 역할이 더욱 중요시되었다. 그리고 영화 등에서도 모션 캡처를 기반으로 하는 캐릭터 애니메이션의 활용 비중이 점차 커지면서 애니메이션 산업 종사자들의 활동 영역이 더욱 확대되었다. 이처럼 애니메이션 산업에서 신기술의 출현과 융합은 결코 부정적으로만 작용하지 않았다. 오히려 신기술을 토대로 제작 기술의 혁신이 이루어지며 애니메이션 산업의 발전과 확장을 주도했다.

칼턴대학교(Carleton University) 영화학과 교수였던 마크 랑거(Mark Langer)는 2001년 10월 캐나다 몬트리올에서 개최된 SAS(Society for Animation Studies)의 국제학술대회에서 '애니메이션 역사의 종말(The End of Animation History)'을 선언했다. 그는 프랜시스 후쿠야마(Francis Fukuyama)의 "역사는 경쟁하는 시스템 간의 구별 또는 갈등으로 이루어지는 것"이라는 논지를 바탕으로, 기술의 변화가 애니메이션과 영화 같은 상이한 형태의 이미지 생성 사이에 일반적으로 인식된 구분이 존재했던 역사적 시기가 종말을 맞이했다고 주장했다(Rautiola, 2001). 그것은 전통적으로 영화의 타자로만 인식됐던 애니메이션이 디지털 신기술을 통해 점차 영화와 자연스럽게 융합하면서 확장되는 당시의 산업적 추세를 반영한 것이다. 그러므로 랑거는 애니메이션의 종말이 아닌 새로운 역사의 시작을 선포한 것이기도 하다. 이와 같은 맥락에서 볼 때, 최근 애니메이션 산업에서 나타나는 AI 기술의 활용은 단순히 제작 과정의 비용 절감과 효율성을 높여주는 정도에서 그치는 것이 아니라 애니메이션 산업의 확장을 위한 혁신적인 기회가 될 수 있을 것이다. 그것은 바야흐로 애니메이션 분야를 중심으로 하는 영상 산업의 시대를 알리는 것이기도 하다.

참고문헌

한국저작권위원회(2024). 디즈니, 대규모 AI 프로젝트 기반의 콘텐츠 제작 혁신 계획 발표, https://blog.naver.com/kcc_press/223655999111?trackingCode=rss

Cabarga, L.(1976). *The Fleischer story in the golden age of animation*, New York: Nostalgia press.

Chitwood, A. & Waxman, S.(2024.10.14). Disney poised to announce major AI initiative | exclusive. THE WRAP, https://www.thewrap.com/disney-ai-initiative/

Culhane, S.(1988). *Animation from script to screen*, New York: St. Martin's Press.

Leyda, J.(1986). *Eisenstein on Disney*. Calcutta: Seagull Books.

Maltin, L.(1987). *Of mice and magic: A history of American animated cartoons*. New York: Penguin Books.

Rautiola, S. W.(2001.10). Report about the 13th annual SAS conference, Montreal, Canada, pp.22-25, https://v4.animationstudies.org/13th-sas-conference-2001/

Solomon, C.(1987). Animation: Notes on a definition. In *The art of the animated image: An anthology*(pp.9-12). Los Angeles: The American Film Institute.

Thomas, F. & Johnston, O.(1995). *The illusion of life: Disney animation*. New York: Hyperion.

Wells, P.(1998). *Understanding animation*, London: Routledge.

02
애니메이션 산업과 생성형 AI

태생적으로 기술 친화적인 애니메이션 산업계는 생성형 AI의 활용에 전반적으로 호의적인 모습을 보여주고 있다. 생성형 AI 기술은 지금까지는 대체로 애니메이션 제작 과정에서 부분적, 제한적으로 활용됐지만, 이제 프롬프트의 입력만으로 애니메이션 제작의 모든 과정이 자동화되어 애니메이션이 생성되는 혁신적인 창조의 시대를 맞이하고 있다. 이러한 시대를 살아가는 우리는 생성형 AI를 애니메이션 제작을 위한 하나의 창작 도구로 바라보는 긍정적인 시각이 필요하다.

AI와 MBTI?

생성형 AI

생성형 AI는 창작자가 입력한 데이터를 기반으로 텍스트, 이미지, 동영상, 오디오 및 합성 데이터를 포함한 다양한 유형의 콘텐츠를 생성할 수 있는 인공지능 기술의 한 유형이다. 생성형 AI는 미래 유망 기술로서, 산업적 파급효과와 결과물의 실제 활용 가능성이 매우 높이 평가되고 있다. 이러한 산업 현장의 긍정적인 분위기 속에서 전 세계 생성형 AI 시장 규모는 2023년 448억 9천만 달러에서 2030년 2,070억 달러 규모로 연평균 24.4%의 고성장을 보여줄 것으로 전망하고 있다. 특히, 생성형 AI 시장에서 엔터테인먼트 분야의 비중이 30% 이상을 차지하며 전체 시장을 선도할 것으로 기대한다(유재홍 외, 2023).

실제로, 최근 생성형 AI 플랫폼이 지원하는 직관적인 UI(user interface)의 간단한 조작만으로도 여러 엔터테인먼트 분야에서 활용할 수 있는 높은 수준의 텍스트 정보와 그래픽 이미지, 동영상, 음악 등의 아이디어와 콘텐츠를 생성할 수 있다. 이와 같은 생성형 AI의 편의성과 효율성뿐만 아니라, 수준 높은 결과물에 대한 지속적인 경험으로 산업계와 대중의 호감도는 계속해서 상승하는 추세다.

런던정치경제대학교(LSE) 미디어 커뮤니케이션 학부의 찰리 베킷(Charlie Beckett) 교수는 챗지피티(ChatGPT)의 출현 시점을 기준으로 이후에 개발된 AI를 '뉴(new) AI'라고 정의했다. 그것은 데이터 분석 도구와 코딩 언어에 대한 깊은 이해가 선행되어야만 다룰 수 있었던 '올드(old) AI'와 달리 접근성과 활용 범위의 측면에서 확장적이며 효율적인 차이를 보여주기 때문이다(류현정, 2023). 이러한 사실에서 최근 대부분의 산업 분야에서 막강한 파급력을 보이는 생성형 AI가 베킷이 언급한 '뉴 AI'라는 것을 잘 알 수 있다. 그리고 그가 지적한 것처럼 생성형 AI가 지닌 활용성의 증가는 오히려 인간의 판단과 결정이 더 중요해지는 역설적 현상으로 이어질 수 있다는 사실에 대해서도 주목해야 한다.

애니메이션 제작 도구로서의 생성형 AI

애니메이션 산업에서 생성형 AI의 산업적 가치는 그것이 지닌 제작의 편의성과 효율성뿐만 아니라 기존의 미학적 틀을 벗어날 수 있는 창조적인 범위의 확장성에 있다. 이러한 관점에서 생성형 AI를 애니메이션 제작을 위한 하나의 창작 도구로 바라보는 긍정적인 태도와 시각이 필요하며, 이를 통해 창작자의 창조성을 극대화하는 것이 바람직하다. 그러나 생성형 AI의 활용은 기존의 관련 법과 제도를 반영한 몇 가지 전제 조건이 충족되어야만 그것의 결과물을 창작성이 반영된 저작물로서 인정받을 수 있다.

저작권법에서는 저작물을 인간의 사상 또는 감정을 표현한 창작물로 정의한다. 즉, 창작성은 저작물성을 위한 가장 중요한 요건이다. "창작성은 완전한 의미의 독창성은 아니더라도, 창작성이 인정되려면 적어도 어떠한 작품이 단순히 남의 것을 모방한 것이어서는 아니 되고 사상이나 감정에 대한 저작자 자신의 독자적인 표현을 담고 있어야 한다." 그러므로 생성형 AI를 활용한 애니메이션 제작 과정에서 창작자의 실제적인 기여가 있는 경우에만 결과물에 대한 저작물성을 인정할 수 있는 것이다. 반면에 창작자의 단순한 지시로 생성형 AI가 자율적으로 결과물을 만들어냈다면 창작 주체의 모호성으로 인해 저작물성을 인정받지 못할 수도 있다(김윤명, 2024).

이런 관점에서 창작자가 의도하는 주제와 예술적 영감을 조형적으로 표현하기 위한 생성형 AI 기반의 애니메이션 창작 활동은 이런 논란의 장에서 분명히 자유로울 수 있다. 생성형 AI를 기반으로 하는 애니메이션 제작 과정에서는 각 장면의 배경 및 캐릭터 디자인, 캐릭터 애니메이션, 촬영, 조명, 효과, 색채, 소품 등 여러 조형적 요소가 반영된 프롬프트(prompt)를 반복적으로 입력해야만 한다. 이처럼 창작자는 생성형 AI를 애니메이션 제작 도구로 활용하여 제작 목적과 의도, 사상과 정서, 가치관과 세계관, 사회적 통찰 등이 반영된 창조적인 저작물을 완성할 수 있는 것이다.

생성형 AI의 산업적 활용

전 세계 주요 애니메이션 기업의 관리자층 이상 300명을 대상으로 진행한 설문조사 결과에 따르면 응답자의 99%가 3년 이내에 생성형 AI를 애니메이션 제작 과정에 도입할 계획이 있으며, 응답자 중 21%는 이미 생싱형 AI를 활용하고 있다고 답했다. 그리고 응답자의 85%가 생성형 AI가 창조적인 업무에 변화를 일으키고 일자리를 위협할 수 있다는 사실에 동의하면서도, 이 중 49%의 응답자는 제작 과정에서 생성형 AI가 유용하게 활용될 수 있다는 의견을 제시했다(스트라베이스 편집부, 2024). 이러한 내용에서 알 수 있듯이, 애니메이션 산업계의 전반적인 분위기는 생성형 AI의 활용에 대해 매우 긍정적인 모습을 보여주고 있다. 실제로, 최근 애니메이션 산업 생태계에서는 생성형 AI 기술로 애니메이션 기획과 제작 분야의 효율성을 높이기 위해 다음과 같은 세부적인 창작 업무에서 활용하는 사례가 급증하고 있다.

'프리-프로덕션(pre-production)' 단계에서는 생성형 AI를 통해 애니메이션 제작의 근간이 되는 시나리오와 스토리보드, 캐릭터, 배경, 소품 등의 이미지를 생성할 수 있다. 특히, 생성형 AI를 기반으로 작품의 경향 분석과 흥행을 예측할 수 있을 뿐만 아니라, 사전에 비주얼과 콘셉트를 동적으로 시각화하여 검증할 수 있는 프리비즈(Pre-visualization)도 제작할 수 있다. '프로덕션(production)'에서는 2D와 3D 애니메이션 제작 과정에서 필요한 단계적인 결과물을 생성할 수 있다. 예를 들어, 원화와 레이아웃(layout), 인비트위닝(in-betweening)뿐만 아니라, 3D 캐릭터 모델링(modeling) 및 애니메이션, 리깅(rigging), 텍스처링(texturing), 라이팅(lighting) 등이 포함된다. '포스트 프로덕션(post-production)'에서는 렌더링(rendering), 특수효과, 타이밍, 색 보정 등의 단계적인 작업을 생성형 AI를 통해 자동화한다. 이렇듯 생성형 AI는 애니메이션 제작의 보조 도구로서 다양한 유형의 단계적인 제작 업무에 활용되고 있다.

생성형 애니메이션 2.0

앞서 설명했듯, 현재 애니메이션 산업에 등장한 생성형 AI의 활용 방식과 범위는 대부분 부분적, 제한적이다. 말하자면 애니메이션 제작 단계별 작업에 따라 적절한 생성형 AI를 선택적으로 활용하고 있다. 이러한 범위와 방식의 생성형 AI 활용으로 생성된 결과물을 포괄적으로 '생성형 AI 기반 애니메이션 1.0(이하, 생성형 애니메이션 1.0)'으로 지칭하고자 한다. 이를 통해 머지않아 산업적으로 활성화될 것으로 기대되는 새로운 개념과 방식의 생성형 애니메이션과 구분할 수 있을 것이다.

OpenAI의 '소라(Sora)'가 공식적인 서비스를 시작한 이후 산업 현장에서의 관심은 '텍스트-애니메이션(text-to-animation)' 형식의 생성형 AI 기반 애니메이션에 집중되고 있다. 지금까지 애니메이션 제작 단계에서 부분적으로만 활용됐던 생성형 AI가 프롬프트의 입력만으로 애니메이션 제작 전 과정이 자동화되고, 조형적인 애니메이션이 생성되는 시대를 맞이하게 되었다. 그리고 이처럼 생성형 AI를 기반으로 '텍스트-애니메이션' 혹은 '이미지-애니메이션(image-to-animation)'의 형식을 통해 생성되는 애니메이션을 '생성형 AI 기반 애니메이션 2.0(이하, 생성형 애니메이션 2.0 혹은 생성형 애니메이션)'으로 지칭하여 구분할 수 있다.

영화감독 월터 우드먼(Walter Woodman)은 '소라'가 서비스되기 이전에 OpenAI의 지원으로 머리가 노란 풍선인 소년이 주인공으로 등장하는 〈멍청이(Airhead)〉라는 작품을 제작했다. 1분 22초 분량의 이 작품은 후반작업 단계에서 부분적인 편집과 색 보정 작업이 추가로 진행되긴 했지만, 기본적으로 제작의 전 과정이 '소라'를 기반으로 진행되고 생성됐다. 그는 생성형 AI '소라'의 장점에 대해 "놀랍고 믿을 수 없는 비디오를 만들 수 있고, 창의적인 아이디어를 가진 사람들이 그것을 실현할 수 있도록 도와준다"라고 언급했다(홍영재, 2024). 이처럼 생성형 AI 기술이 지닌 창조적 활용성은 애니메이션 제작에서도 급진적인 변화와 발전을 이끌 가능성을 충분히 보여주고 있다. 이는 생성형 애니메이션 2.0의 산업적 활성화를 의미한다.

참고문헌

김윤명(2024). 생성형 AI의 프롬프트 창작에 대한 저작권법적 고찰. ≪저스티스≫, 261-297쪽.

김진숙(2023.10). 생성형 인공지능(Gen AI) 시대를 살아가는 방법: 수용하고, 활용하고, 변화하라. ≪월간 공공정책≫, 53-55쪽.

류현정(2023). [찰리 베켓(Charlie Beckett) 런던정치경제대 교수

인터뷰] 저널리즘의 뒤늦은 AI 도입 인류에 가장 큰 위험 될 것. ≪신문과방송≫, 8-12쪽.

박정아 외(2024). 생성형 AI와 애니메이션 교육의 융합: 다학제적 관점에서 교육 전략 및 발전 방향 모색. ≪애니메이션연구≫, 90-117쪽.

박지원(2024.11.12). AI 저널리즘 시대, 인간적 요소 더 중요해져. ≪세계일보≫, https://www.segye.com/newsView/20241111514851

박혁태(2024.07.17). AI가 이끄는 콘텐츠 산업혁명, 현재와 미래. ≪KOCCA FOCUS≫, 166.

스트라베이스 편집부(2024). 애니메이션과 VFX(시각특수효과) 분야의 생성형 AI 도입을 둘러싼 논란과 시사점. 『디지털 미래와 전략』(40-45쪽). 스트라베이스.

오동일(2024). AI를 활용한 애니메이션 제작 영역의 확장: 생성형 애니메이션을 중심으로. ≪애니메이션연구≫, 157-171쪽.

유재홍 외(2023.11.9). 생성 AI 산업 생태계 현황과 과제. ISSUE 『REPORT-165』. 소프웨어정책연구소.

홍영재(2024.5.30). 오픈AI SORA 써보니 슬롯머신 같은 도구... 20초 분량 20분 걸려. SBS, https://v.daum.net/v/20240530164820463

Lawton, G. What is Gen AI? Generative AI explained. informa, https://www.techtarget.com/searchenterpriseai/definition/generative-AI

03
생성형 AI 기반의 애니메이션 제작

애니메이션 산업계는 AI 기술이 가져올 산업적 변화를 크게 기대하지 않았을 뿐만 아니라, 제작 과정에서의 활용에도 한계가 있을 것으로 예상했다. 그러나 생성형 AI 기술의 발전으로 누구나 자신의 창작 의지와 아이디어에 따라 생성형 AI 플랫폼에 프롬프트를 입력하는 것만으로도 미세한 표정과 몸짓까지 포함한 캐릭터 애니메이션과 다양한 효과 등을 하나의 장면에서 조형적으로 생성할 수 있게 되었다.

AI와 난임 극복?

애니메이션과 생성형 AI의 가치

2011년 12월에 설립된 유한회사 카카니(CACANi)는 2D 애니메이션 소프트웨어 '카카니(CACANi)'를 통해 애니메이터가 캐릭터 애니메이션의 원화를 그리면 동화가 자동화되어 생성되는 획기적인 애니메이션 기술을 제공하기 시작했다.

전 세계 2D 애니메이션 산업의 강국인 일본도 제작비 절감과 전문인력 부족의 문제 해결을 위한 방안으로 '카카니'를 사용하고 있다. 〈캡틴 츠바사(キャプテン翼)〉(2018), 〈불꽃 소방대(炎炎ノ消防隊)〉(2019) 등이 애니메이션 제작 과정에서 '카카니' 소프트웨어를 부분적으로 활용한 작품들이다. 그러나 다수의 캐릭터 애니메이션이나 미세한 표정 등을 표현하기는 쉽지 않기 때문에 애니메이터가 직접 그릴 수밖에 없었다. 이러한 이유로 AI의 기술이 가져올 산업적 변화와 활용에는 한계가 있을 것으로 예상했다.

캐릭터 애니메이션은 애니메이터의 손을 통해 미학적 영감과 감각이 반영되어 만들어지는 것이다. 애니메이션에 대한 이러한 시각은 애니메이션 산업을 지탱해온 전통이자 관습이었다. 그러나 실제로 AI 기술이 애니메이션 산업에 등장하자 '카카니'의 사례를 통해 예측했던 것과 달리 AI 기술은 애니메이션 산업의 생태계에 급진적인 변화의 바람을 불어넣고 있다.

애니메이션 산업의 역사에서 제작 기술의 발전과 신기술의 출현은 산업적인 변화와 확장을 이끌었다. 이러한 역사에 비추어 볼 때, 생성형 AI도 애니메이션 산업의 재편과, 예술적 경계와 창작 영역의 확장에 선도적인 역할을 할 것으로 기대된다.

생성형 AI는 생성 모델(generative model)을 사용하여 텍스트, 이미지, 동영상 또는 기타 형태의 데이터를 생성하는 인공지능의 한 분야다. 이러한 모델은 훈련 데이터의 기본 패턴과 구조를 학습하며, 이를 바탕으로 새로운 데이터를 생성한다. 이러한 기술적 특징과 환경을 애니메이션 제작 관점에서 접근해보면, 생성형 AI는 방대한 데이터에 대한 학습을 통해 애니메이션의 양식과 제작 방식 등 다양한 시각의 미학적 특징을 분석하고, 이를 토대로 새로운 창의적인 시각의 애니메이션을 생성하는 것으로 볼 수 있다.

더 나아가, 생성형 AI는 애니메이션 제작 과정의 반복적인 작업을 자동화하여 효율성을 높여줄 뿐만 아니라, 다양한 아이디어를 반영한 디자인과 양식을 생성하여 창작자의 창의성을 더욱 강화해줄 것이다. 다시 말해,

생성형 AI는 애니메이션 미학의 새로운 양식을 탐구하고 실험할 수 있는 영감과 환경을 지원함으로써 궁극적으로는 애니메이션 제작을 향한 창작자의 창의적 시각을 확장할 수 있게 도와주는 것이다.

생성형 AI와 애니메이션 제작

생성형 AI 기반의 애니메이션 제작은 여러 시각에서 논의될 수 있다. 첫 번째로, 생성형 AI는 다양한 개성과 유형의 캐릭터 콘셉트와 스타일, 그리고 동작의 생성을 통해 결과적으로는 캐릭터 디자인과 애니메이션 작업을 지원한다. 특히 원화에 해당하는 키 프레임과 동화와 같은 중간 프레임을 자동으로 생성함으로써 전통적인 애니메이션 제작 과정에서 소요됐던 애니메이터의 시간과 노력을 크게 줄일 수 있다.

두 번째로, 생성형 AI는 방대한 이미지의 데이터베이스를 학습하여 애니메이션의 미학적 양식과 분위기에 적당한 배경 디자인을 자동으로 생성한다. 세부적인 배경을 디자인하고 제작하는 작업은 대체로 많은 시간이 소요되지만, 생성형 AI를 기반으로 동일한 작업을 효율적으로 진행할 수 있다.

세 번째로, 생성형 AI는 기존의 방대한 이야기를 분석하고 새로운 줄거리와 시나리오를 생성함으로써 애니메이션 스토리텔링의 서사성을 높이는 데 큰 도움을 줄 수 있다. 이 과정은 기획 단계에 해당하는 것으로, 창작자의 서사적 아이디어에 따라 수많은 결과가 생성될 수 있다. 그리고 창작자는 자신의 예술적 영감, 제작 목적과 의도 등을 반영한 프롬프트 입력을 반복하여 자신만의 서사적 결과물을 생성하게 된다.

네 번째로, 생성형 AI는 현실감 있는 동작과 물리적 현상을 구현함으로써 애니메이션의 시각적 신뢰성을 한층 높일 수 있다. 그리고 실제 물리와 동작 데이터를 분석하여 캐릭터와 객체의 움직임을 세밀하게 구현할 수 있을 뿐만 아니라, 물이나 불 같은 자연 현상의 사실적인 재현을 지원할 수 있다. 즉, 생성형 AI는 보편적으로 받아들여지는 자연법칙 또는 물리법칙을 충실하게 반영한 애니메이션을 효율적으로 생성할 수 있는 것이다.

데이비드 암스트롱(David M. Armstrong)의 관점에서 보면 자연법칙에 의한 애니메이션이 내포하는 필연적이며 동시에 우연적인 양면성은 그것이 우리 세계에서 필연적이지만 다른 가능 세계에서는 유효하지 않을 수도 있다는 것을 의미한다(김희정, 2011). 즉, 생성형 AI가 자연법칙에 따라 생성한 애니메이션을 토대로 과장과 왜곡적인 표현, 반전의 서사적 연출 등을 반영한 프롬프트의 입력으로 매우 흥미로운 애니메이션이 다채롭게 생성될 수 있을 것이다.

끝으로, 생성형 AI는 조형적인 시각적 요소뿐만 아니라 음향 디자인과 배경음악 제작에도 적용될 수 있다. 즉, 기존의 음향과 음악 데이터를 분석하여 애니메이션에 적합한 음악과 음향효과를 생성할 수 있다.

이렇듯, 생성형 AI 기반의 애니메이션 제작은 결과적으로 종합예술의 미학적 정체성을 지닌 생성형 애니메이션 2.0(이하, 생성형 애니메이션)을 생성하는 것이다. 애니메이션은 태생적으로 연극, 영화, 게임 등과 같이 종합예술의 미학적 특징을 지니고 있다. 실제로, 애니메이션 스토리텔링은 문학, 회화, 음악, 무용, 건축, 촬영, 조명 등 다양한 예술 분야의 미학적 요소로 구성된다. 그리고 각 요소 단위의 창작 작업은 정도의 차이는 있겠지만 대개 많은 시간이 소요된다. 그러므로 생성형 AI는 그러한 개별 작업의 과정과 결과를 종합적으로 생성하는 효율성과 혁신성을 갖고 있다고 할 수 있다.

생성형 애니메이션과 창작자

생성형 애니메이션과 창작자의 관계는 상호작용적인 소

통을 전제로 지속된다. 그것은 생성형 애니메이션이 생성형 AI를 기반으로 하는 '명령어(데이터)-콘텐츠(애니메이션)'의 제작 형식이 자동화되어 생성된 조형적 결과물이기 때문이다. 이러한 점에서 '상호작용성(interactivity)'은 생성형 애니메이션 제작 과정의 본질적인 특징이라고 할 수 있다.

상호작용성은 이용자에게 주어진 통제력과 특성에 따라 창조(creation)와 소통(communication), 탐색(navigation)과 자극-반응(reaction)의 다차원적인 관점에서 논의될 수 있다. 먼저, 창조와 소통은 미디어 자극에 대한 확산적인 상호작용으로서, 적극적이며 능동적인 특성을 보인다. 창조는 창작자가 주도하여 콘텐츠를 변형할 수 있도록 하는 것이며, 소통은 직접 메시지를 전달하거나 교환하는 활동에 참여할 수 있는 것이다. 탐색과 자극-반응은 제한적인 상호작용으로서, 소극적이며 수동적인 특성이 있다. 탐색은 정해진 경로 안에서 진행 방향만 결정하는 단순한 차원으로서, 임의적인 결과가 도출될 수 없다. 그리고 자극-반응은 기계의 자극에 대해 단순하게 반응하는 수동적인 활동으로서, 창조적인 활동을 이어가기가 어렵다(이지은 · 신민수, 2008; 유남규 · 김성훈, 2020). 이와 같은 상호작용성의 다차원적인 특성을 살펴볼 때, 생성형 애니메이션의 제작 형식과 과정은 창조와 소통의 측면에서 접근하는 것이 바람직할 것이다.

생성형 애니메이션의 플랫폼과 창작자의 상호작용적인 관계는 확산적인 창조와 소통의 특성을 내포하는 대화와 같은 과정을 근간으로 한다. 인터랙티브 디자이너 그렉 로치(Greg Roach)에 따르면, 상호작용성이란 근본적으로 사용자(user)와 재료(material) 사이의 대화이며, 사용자는 다양한 유형의 정보를 입력하고, 재료는 그것에 반응하는 것이다. 그의 관점은 접두사 'inter'가 지닌 '사이(between)'라는 의미를 사용자와 콘텐츠 사이의 활동적 관계성에 주목한 것이다(Miller, 2004). 게임 개발자이자 이론가인 크리스 크로포드(Chris Crawford)도 로치의 시각과 크게 다르지 않다. 그는 상호작용성을 둘 혹은 더 많은 활동적인 행위자들 사이에서 각각의 행위자가 번갈아 가며 듣고(listen), 생각하고(think), 말하는(speak) 대화와 같은 순환적인 과정으로 바라봤다(Crawford, 2005).

이러한 관점에서 볼 때, 생성형 애니메이션 제작 과정에서 창작자와 생성형 AI 플랫폼 사이에 일어나는 상호작용의 형태는 대화와 같은 순환적인 소통이며, 그것은 부분적인 참여나 일시적인 반응으로 그치는 것이 아니다. 즉, 창작자와 생성형 AI 플랫폼 사이에 명령어 입력과 피드백이 반복적으로 거듭되는 일련의 과정을 통해 창작자 자신이 바라는 애니메이션을 완성할 수 있는 것이다. 이처럼 창작자와 생성형 AI 사이에 존재하는 상호작용적인 관계성은 생성형 애니메이션 제작의 근간이 되는 것이다.

더 나아가, 생성형 AI 플랫폼에서는 누구나 자신의 창작 의지와 의도에 따라 애니메이션 제작을 주도하는 창작자가 될 수 있다. 또한 창작자가 지닌 기획과 디자인, 애니메이션, 촬영 및 편집, 후반 작업 등에 관한 지식과 경험에 따라 반복적인 프롬프트 입력 과정에서 개별적인 미학적 차별성을 보여줄 수도 있다. 생성형 AI 플랫폼과 창작자 사이의 상호작용적인 형식에서 비롯될 수 있는 그러한 부분은 생성형 애니메이션의 산업적인 다양성을 확보하는 중요한 토대가 될 수 있을 것이다.

참고문헌

김희정(2011). 자연법칙의 물리적 필연성: 암스트롱의 전체 체계 내에서의 문제점. ≪인문논총≫, 133-157쪽.

오동일(2016). 인터랙티브 엔터테인먼트의 본질적 특징에 관한 연구. ≪애니메이션연구≫, 184-203쪽.

오동일(2019). 애니메이션 캐릭터 연기의 본질과 미학적 차별성 연구. ≪애니메이션연구≫, 243-271쪽.
오동일(2020). 캐릭터 애니메이션의 효과적인 연기와 연출을 위한 교육 방법론 연구. ≪디지털콘텐츠학회논문지≫, 1431-1441쪽.
오동일(2023). 애니메이션 형식으로서의 너패니메이션에 관한 담론. ≪디지털콘텐츠학회논문지≫, 2175-2182쪽.
유남규 · 김성훈(2020). 인터랙티브 영상의 상호작용성이 관객경험에 미치는 영향. ≪한국디자인문화학회지≫, 363-374쪽.
윤광제(2019.10.23). AI 발달로 미래에 남을 직업, 애니메이터는? ≪AI TIMES≫, https://www.aitimes.com/news/articleView.html?idxno=120785
이지은 · 신민수(2008). IP기반 미디어에서 인지적 몰입을 촉진하는 요인에 관한 연구: 다차원적 상호작용성을 중심으로. ≪한국경영정보학회 학술발표대회 논문집≫, 718-731쪽.
CACANi: 2D animation & inbetween Software, https://cacani.sg/?v=38dd815e66db
Crawford, C.(2005). *Chris Crawford on interactive storytelling*, New Riders.
Miller, C. H.(2004). *Digital storytelling*, Focal Press.
NXT INTERACTIVE, Generative AI in animation industry. https://nxtinteractive.ae/blog/generative-ai-in-animation-industry

04
생성형 애니메이션의 미학

생성형 애니메이션은 현실보다 더 실재적인 것으로 인식될 수 있는 초실감의 조형적 이미지다. 생성형 애니메이션의 세계에서는 누구나 자신의 의지와 의도에 따라 환상적이며 우연적인 표현을 다양하게 시도할 수 있다. 그러한 생성형 애니메이션은 더는 복제할 원본과 지시 대상도 없는 초실감의 독립된 개체로 창조된 것이다. 이처럼 생성형 애니메이션은 제작 방식에서 명확한 차이가 있지만, 전통적인 애니메이션의 미학적 틀에서 크게 벗어나지 않는다.

AI와 사주?

생성형 애니메이션의 미학적 토대

애니메이션 산업의 역사에서 제임스 스튜어트 블랙턴(James Stuart Blackton)은 〈재미있는 얼굴의 익살스러운 양상(Humorous Phases of Funny Faces)〉(1906)을 통해 '콤마 촬영' 기법을 기반으로 안정된 움직임의 환영을 최초로 보여주었다. 그는 이 같은 시도를 통해 애니메이션이 '쇼트(shot)'를 기본으로 하는 영화와 달리 '프레임(frame)' 단위의 예술이라는 미학적 정체성을 확립했다. 그리고 앞서 1장에서 설명했듯이, 에밀 콜은 메타모포시스 기법을 적용한 〈팡타스마고리〉를 통해 애니메이션 공간에서 자연법칙의 필연성에 반하는 우연적인 현상의 가능성을 최초로 보여주었다. 〈팡타스마고리〉에 나타나는 캐릭터의 변형적인 움직임은 전통적인 문학적 서사를 구성하지 않았음에도 불구하고 시각적으로 심리적이며 정서적인 의미를 내포하는 운동적 구성으로 볼 수 있다(Wells, 1998).

애니메이션 이미지의 자연스럽고 임의적인 변형은 자연법칙에 완전하게 반하는 것으로서, 어떤 예술적 형식에도 종속되지 않는 애니메이션 미학의 본질적 특징이라고 할 수 있다. 애니메이션 미학의 이런 변형적인 특성은 자연법칙 내의 경험적인 현상을 표현하기 위한 양식으로도 적용된다. 사람이 말을 할 때 변화하는 얼굴 근육과 피부의 형태, 사람이 서 있거나 누워 있을 때 나타나는 몸의 무게중심의 변화, 물체의 변형을 통한 원근감과 공간감의 표현 등이 그러하다. 이처럼 애니메이션 미학의 변형적인 특성은 자연법칙의 필연성을 충족하는 동시에 그에 반하는 애니메이션 고유의 무한한 표현적 가능성을 보여주는 것이다.

이렇듯 애니메이션 산업의 역사는 캐릭터의 움직임 속에 생명력의 환영을 조형적으로 표현하기 위한 초실감의 미학적 토대를 만들어가는 과정으로 볼 수 있다. 같은 맥락에서 생성형 애니메이션도 초실감을 구현하는 새로운 차원의 조형적인 형식으로 바라볼 수 있다. 더욱이 생성형 애니메이션에서 발현된 초실감의 세계에서는 누구나 자신의 예술적 영감과 연출직 의도에 따라 경험적인 자연법칙이 적용되지 않는 환상적이고 우연적인 표현을 더욱 다양하게 시도할 수 있을 것이다.

생성형 애니메이션의 미학적 정체성

장 보드리야르(Jean Baudrillard)의 철학은 생성형 애니메이션의 초실감을 이해하기 위한 유용한 이론적 배경이 될 수 있다. 그의 관점에서 이미지는 실재를 반영하는 동시에 실재와는 아무 관련 없는 시뮬라크르(simulacre)라고 할 수 있다. 즉, 시뮬라크르는 실재보다 더 실재적인 것으로, 이미 존재하는 것과는 아무런 상관이 없는 것이다(김현화, 2010).

앤디 워홀(Andy Warhol)의 작품 〈샷 세이지 블루 매릴린(Shot Sage Blue Marilyn)〉(1964)은 보드리야르의 시뮬라크르 개념을 설명하기 위한 좋은 예가 될 수 있다. 작품의 이미지는 사진의 복제 과정에서 조금씩 변화를 주며 반복한 시뮬라크르이기 때문에 그러한 이미지 속에는 원본이 더 이상 존재하지 않는다(임영애, 2013). 이러한 논의는 생성형 애니메이션의 미학적 정체성에 접근하기 위한 이론적 토대가 될 수 있다.

생성형 애니메이션의 제작 과정에서는 다양한 형식과 의미의 시뮬라크르가 발생할 수 있다. 먼저, 캐릭터 애니메이션의 장면을 묘사하기 위한 텍스트 기반의 프롬프트는 그 대상이 되는 원본과 형태적으로 상당한 거리감이 존재한다. 그리고 프롬프트의 입력으로 생성된 애니메이션 이미지는 원본과의 연결성이 파괴되기 시작하는 시뮬라크르의 의미를 내포하게 된다. 더욱이, 감독이나 애니메이터의 창작 의지와 의도 등에 따라 프롬프트의 입력과 애니메이션의 생성이 반복되면서 최종적으로 제작된 결과물은 더 이상 원본과 관계가 없는 초과 실제적인 초실감의 조형적 이미지로 존재하게 된다. 즉, 생성형 애니메이션은 초과 실재로서 어떠한 지시 대상도 갖지 않게 되는 것이며, 현실보다 더 현실적인 것으로 인식될 수 있는 것이다. 그러므로 생성형 애니메이션은 현실을 단순히 모방하거나 재현한 가짜가 아닌, 관객이 실재로 인식할 수 있는 초실감의 조형적 형태라고 할 수 있다.

생성형 애니메이션의 초실감

생성형 애니메이션의 제작은 창작자와 생성형 AI 간에 일어나는 상호작용을 통해 진행되며, 그것은 순환적이며 반복적인 대화의 형식을 지닌다. 이 과정에서 창작자는 생성형 애니메이션의 초실감을 구현하기 위해 현실의 본질을 담고자 노력한다.

디즈니 스튜디오는 캐릭터 애니메이션 속에 생명력의 환영을 구현하기 위해 다각적인 연구와 실험적 시도를 거듭했다. 그 과정에서 월트 디즈니는 계속해서 더욱 강렬한 사실적인 표현을 요구했다. 그는 어떤 캐릭터가 슬퍼한다면 더욱 슬프게, 영리하다면 더욱 영리하게, 걱정스럽다면 더욱 걱정스럽게, 거칠다면 더욱 거칠게 표현하도록 지시했다. 그러나 당시 애니메이터들은 그러한 미학적 시도에 따른 결과에 혼란스러워했다. 디즈니는 사실적인 표현을 반복적으로 요구했지만, 정작 애니메이션은 일부 과장되거나 왜곡되고 거친 동작을 담고 있었기 때문이었다. 즉, 디즈니는 현실의 실재를 그대로 재현하는 것을 바라기보다는 빠른 노출 속에서도 다수의 관객이 시각적으로 쉽게 인식할 수 있는, 설득력 있고 가독성 높은 애니메이션 이미지를 원했던 것이다(Thomas & Johnston, 1995).

마찬가지로 생성형 애니메이션 제작 과정에서도 전통적인 애니메이션의 조형적 요소들을 공유해야 할 뿐 아니라 생명력의 환영을 부여하기 위한 미학적 접근 또한 요구된다. 다시 말해, 전통적인 애니메이션과 생성형 애니메이션 사이에 존재하는 제작 방식의 뚜렷한 차이에도 불구하고, 생성형 애니메이션의 창작자 또한 100여 년 전 디즈니 스튜디오의 애니메이터들이 그러했듯 조형적 이미지 속에 현실의 본질을 담고자 노력해야 한다는 것이다.

이런 관점에서 볼 때, 생성형 애니메이션 제작을 위한 프롬프트 입력을 단순히 캐릭터와 장면을 묘사하거나 설명하는 것으로만 바라봐서는 안 될 것이다. 창작자가 의도한 생성형 애니메이션 제작을 위한 프롬프트의 반복적인 입력은 현실의 본질을 담아 초실감을 구현하는 과정이라고 할 수 있다. 즉, 생성형 애니메이션의 제작 과정은 현실의 원본을 단순히 재현하는 것이 아닌 관객으로 하여금 실재로 인식하게 하는 초실감의 조형적 이미지를 생성하는 것이다. 그러므로 생성형 애니메이션의 조형적 이미지가 발산하는 초실감은 움베르토 에코(Umberto Eco)가 디즈니의 테마파크에 대해 묘사하며 언급한 것과 마찬가지로 '완전하게 실제(completely real)'이면서 동시에 '완전하게 가짜(completely fake)'라는 미학적 특징을 담게 되는 것이다(Wells, 1998).

특히, 생성형 애니메이션의 제작은 이야기의 설정과 디자인에 관한 프롬프트 입력으로부터 시작될 수 있다. 배우가 인물 창조를 위해 분장을 하거나 적절한 의상을 입는 것과 마찬가지로, 캐릭터 디자인 단계에서부터 실제적인 전형성이 생성되어야 한다. 이를 통해 애니메이션의 공간 속에 캐릭터의 이미지가 현존하게 되는 것이며, 이후 실질적인 행동을 기반으로 하는 연기적 표현이 연쇄적으로 생성될 수 있는 것이다.

이러한 생성형 애니메이션을 바라보는 관객의 의미작용은 실상과 가상, 현실과 비현실이라는 이중적 구조의 경계를 넘나들 수 있다. 그러나 생성형 애니메이션은 더는 복제할 원본이 사라진 초실감의 독립된 개체로 창조된 것이며, 오히려 현실보다 더 실재적인 다른 차원의 애니메이션 세계를 보여주는 것이다. 그리고 그와 같은 생성형 애니메이션의 초실감은 감독이나 애니메이터가 추구하는 미학적 양식 등에 따라 매우 다양하게 나타날 수 있다.

참고문헌

김현화(2010). 1970~1980년대 한국 극사실화: 이미지와 실재의 간극, 장 보드리야르의 하이퍼리얼 담론으로 읽기. ≪미술사논단≫, 169-196쪽.

오동일(2019). 애니메이션 캐릭터 연기의 본질과 미학적 차별성 연구. ≪애니메이션연구≫, 243-271쪽.

임영매(2013). 보드리야르: 현대예술과 초미학. ≪인문학논총≫, 79-103쪽.

Thomas, F. & Johnston, O.(1995). *The illusion of life: Disney animation.* New York: Hyperion.

Wells, P. (1998). *Understanding animation*, London: Routledge.

05
프롬프트 애니메이션

생성형 애니메이션 제작에서 프롬프트는 기술적으로 부분적인 역할을 하지만, 미학적으로는 다양한 장르의 애니메이션을 생성할 수 있는 강력한 창작 도구다. 프롬프트 애니메이션은 명령어를 생성형 AI에 입력하는 프롬프트 엔지니어링 과정을 통해 '텍스트-애니메이션' 형식으로 생성된다. 그리고 프롬프트 애니메이션 제작에 활용되는 생성형 AI는 역사상 처음으로 구세대에게 장점이 더 많은 신기술이다.

AI와 아이돌?

생성형 AI와 프롬프트

생성형 AI는 텍스트 생성에 초점을 맞춘 대규모 언어 모델(LLM, Large Language Model)뿐만 아니라 이미지, 동영상, 음악, 3D 모델 등 다양한 유형의 데이터를 처리하고 콘텐츠를 생성하는 AI 시스템을 지칭한다. 즉, 생성형 AI는 대규모 언어 모델을 통해 텍스트 기반의 작업을 중심으로 발전해 왔지만, 실제로 그 범위를 넘어 다양한 유형의 데이터를 생성할 수 있는 것이다. 특히, 기존의 데이터를 학습해 완전하게 새로운 결과를 생성함으로써 사진, 회화, 영화, 애니메이션, 디자인, 마케팅 등 순수 예술과 대중문화 콘텐츠 산업 분야에서 폭넓게 활용될 수 있다.

동영상 생성형 AI의 프롬프트는 다양한 목적의 결과물을 생성할 수 있는 강력한 도구다. 기술적 관점에서 보면 생성형 AI 시스템에서 프롬프트는 부분적이다. 그것보다 더욱 중요한 것은 자연어 처리(NLP, Natural Language Processing)와 딥 러닝(Deep Learning) 알고리즘(Algorithm)을 기반으로 창작자가 입력한 프롬프트를 분석하고 원하는 결과를 정확하게 생성하는 것이라고 할 수 있다. 그러나 프롬프트의 맥락과 입력 데이터가 불명확할 경우, 생성형 AI는 부정확하고 관련 없는 결과를 생성할 수 있다. 더욱이, 목적에 맞춰 제대로 설계되지 않은 프롬프트로 인해 의도치 않게 잘못된 정보를 생성하거나 사회적으로 유해한 결과물을 확산하는 등 여러 도전과제와 윤리적 문제에 직면할 수도 있다.

프롬프트는 일상적으로 사용되는 자연어로서, 원하는 결과를 생성하기 위해서는 다음과 같이 체계적이며 효과적인 방식으로 접근되어야 한다. 첫 번째로, 프롬프트를 작성하기 전에 목적과 기대하는 바를 명확하게 파악하고 설명하거나 묘사해야 한다. 이러한 접근 시각은 생성형 AI가 정확하고 구체적인 결과물을 생성하는 데 긍정적인 영향을 미치게 된다. 두 번째로, 조형적인 이미지를 생성하는 경우, 특징, 모양, 색상, 질감, 미적 스타일 등과 같은 주요 미학적 요소와 특성을 구체적으로 제시해야 한다. 예를 들어, 단순히 "풍경을 생성해주세요"보다는 "눈 덮인 산을 배경으로 평온한 호수가 전경에 있고, 석양이 따뜻한 색감을 드리우는 고요한 풍경을 생성해주세요"라고 하는 것이 훨씬 더 유용한 결과를 생성할 수 있다. 세 번째로, 핵심이 되는 키워드와 구문을 포함함으로써 생성형 AI 시스템이 프롬프트를 쉽게 이해하고 분석할 수 있도록 해야 한다. 이를 통해 관련이 없거나 부정확한 결과물이 생성되는 것을 최소화하여 생성형 AI 기반의 제작 효율성을 높일 수 있다. 네 번째로, 생성형 AI 시스템이 혼란스러울 수 있는 모순된 용어를 포함하지 말아야 한다. 예를 들어, 프롬프트에서 '추상적'과 '사실적'이라는 단어를 동시에 사용할 경우, 생성형 AI의 혼란을 가중시킬 뿐만 아니라 결과물 또한 목적에 부합하지 않는 모호성을 띨 수 있다. 다섯 번째로, 창작자는 프롬프트를 반복적으로 개선하여 결과물의 정확성을 높여야 한다(Sheldon & Yasar, 2024). 이와 같은 사항들을 반영하여 생성형 AI에 프롬프트를 입력하는 과정을 '프롬프트 엔지니어링(prompt engineering)'이라고 한다. 다시 말해, 프롬프트 엔지니어링은 원하는 결과물을 얻을 때까지 생성형 AI에 입력하는 프롬프트를 세밀하게 조정하는 과정이며, 이를 통해 가장 구체적으로 기대한 유용한 결과를 얻을 수 있다.

프롬프트 애니메이션의 형식

독일의 예술가 보리스 엘다그센(Boris Eldagsen)은 흑백 사진 〈전기공(The Electrician)〉을 통해 2023년 '소니 월드 포토그래피 어워드(The Sony World Photography Awards)' 크리에이티브(Creative) 부문 1위를 차지했다. 두 여성의 모습이 담긴 〈전기공〉은 엘다그센이 2022년부터 작업한 '기억 환각: 가짜 추억(PSEUDOMNESIA: Fake Memories)'이라는 프로젝트의 한 작품이다. 그는 이 사진을 제작하기 위해 프롬프트 기반의 이미지 생성 AI '달리 2'를 활용했으며, 제작 과정에서 작품의 완성도를 높이기 위해 대략 40여 차례의 프롬프트 엔지니어링 과정을 반복했다. 그러므로 〈전기공〉은 권위 있는 국제 사진전에서 수상한 최초의 AI 창작물로 기록될 수 있을 것이다. 그러나 엘다그센은 자신의 작품이 수상작으로 선정되자 그것이 생성형 AI를 기반으로 제작했다는 사실을 밝히며 수상을 거부했다. 이후, 생성형 AI 기반의 이미지가 지닌 예술성 등 다양한 시각의 논쟁이 본격적으로 촉발되기 시작했다.

엘다그센의 작품은 비록 사진예술 분야에 속하지만, 생성형 애니메이션의 한 유형인 프롬프트 애니메이션이 기성 창작 집단에 의해 하나의 애니메이션 제작 형식으로 활용될 가능성을 잘 보여준 사례라고 할 수 있다. 그는 생성형 AI '달리'를 활용해 '텍스트-이미지' 형식으로 작품을 제작했다. 이러한 사실에 비추어 볼 때, '텍스트-애니메이션'의 방식으로 제작되는 프롬프트 애니메이션과는 그 결과물에서 분명한 차이가 있지만, 형식적으로 상당 부분 일치하고 있다는 점을 알 수 있다.

엘다그센이 〈전기공〉의 제작을 위해 생성형 AI를 활용한 방식과 과정 등은 프롬프트 애니메이션의 제작 형식을 이해하는 데 도움이 될 수 있을 것이다. 실제로 그는 자신이 원하는 사진 이미지를 얻기 위해 프롬프트 엔지니어링 과정을 수없이 반복해야 했다. 이와 마찬가지로 프롬프트 애니메이션의 제작 과정에서도 창작자는 자신이 의도하고 바라는 장면을 생성하기 위해 반복적으로 프롬프트를 개선해야 한다. 이 과정에서 창작자는 자신이 의도한 장면의 미장센(mise-en-scene)을 어떻게 구성하고 표현할지에 대한 구체적이고 정확한 묘사를 프롬프트를 통해 입력해야 한다.

형식적인 시각에서 보면, 프롬프트 애니메이션은 애니메이션 세계의 이미지와 공간의 형태를 구성적으로 묘사한 프롬프트의 연쇄적이며 반복적인 입력을 통해 완성되는 것이라고 할 수 있다. 그리고 전통적인 애니메이션 제작의 관점에서 볼 때, 프롬프트 작성과 입력으로부터 시작되는 프롬프트 애니메이션의 생성은 기획과 제작 단계의 작업이 평행적이면서도 유기적인 관계와 구조로 이루어진다고 할 수 있다.

특히, 프롬프트 엔지니어링 과정에서 촬영, 조명, 회화, 연기, 문학, 건축, 의상, 분장 등 여러 예술 분야의 요소들에 대한 창작자의 미학적 지식과 경험이 중요하게 작용할 수 있을 것이다. 이러한 점에서, 엘다그센은 생성형 AI의 활용성이 역사상 처음으로 구세대가 이점을 가질 수 있는 신기술이라고 언급했다. 그의 경험에 의하면, 생성형 AI를 활용하는 창작자는 촬영, 조명, 연출 같은 영상 제작 분야의 기술과 경험을 지니고 있을 때 훨씬 더 좋은 결과물을 생성할 수 있다는 것이다(Williams, 2023).

프롬프트 애니메이션의 미학

예술로서의 프롬프트 애니메이션은 물리적 한계를 벗어나 창작에 대한 무한한 자유와 해방감을 창작자에게 선사한다. 실제로 OpenAI의 생성형 AI '소라'는 '텍스트-애니메이션'의 형식을 기반으로 창작자에게 다음과 같은 조형적 표현의 자유로움과 제작의 편의성을 지원한다.

먼저, 창작자는 영상의 조형적 요소를 교체, 제거, 재구성할 수 있고, 영상의 가장 좋은 프레임을 찾아 분리하거나 프레임의 이전과 이후를 확장하여 전체적인 장면을 완성할 수 있다. 그리고 영상의 순서를 정리하고 편집하거나, 자연스럽게 반복 재생되는 영상으로 만들 수 있다. 또한, 두 개의 영상을 하나로 매끄럽게 결합하거나, 프리셋(presets)을 사용해 상상력을 담은 조형적 이미지의 스타일을 만들고 공유할 수 있다.

"거대한 털북숭이 매머드 몇 마리가 눈 덮인 초원을 걸으며 다가옵니다. 그들의 긴 털이 바람에 살짝 흩날리며 걷는 모습이 보이고, 저 멀리 눈으로 뒤덮인 나무와 드라마틱한 눈 덮인 산이 보입니다. 오후 중반의 빛과 가느다란 구름, 그리고 멀리 높은 곳의 태양이 따뜻한 광채를 만들어 냅니다. 낮은 카메라 뷰가 아름다운 사진처럼, 이 거대한 털북숭이 동물을 포착하여 깊이감이 느껴지는 장면을 연출합니다." 이 내용은 OpenAI '소라'에 공개된 프롬프트로서 매머드 캐릭터가 등장하는 3D 애니메이션의 한 장면을 묘사하고 있다.

프롬프트의 내용을 살펴보면, 캐릭터 애니메이션의 장면 구성에 필수적인 조형적 요소와 미학적 양식을 구체적으로 설명하고 있다. 예를 들어, 캐릭터 애니메이션과 관련해서는 '거대한 털북숭이 매머드', '긴 털이 바람에 살짝 흩날리며 걷는'과 같이 묘사되어 있다. 이외에도 '저 멀리 눈으로 뒤덮인 나무와 드라마틱한 눈 덮인 산', '오후 중반의 빛과 가느다란 구름', '멀리 높은 곳의 태양이 따뜻한 광채', '낮은 카메라 뷰가 아름다운 사진처럼',

'깊이감이 느껴지는 장면을 연출'과 같이 전체적인 배경과 레이아웃, 효과, 카메라 앵글, 연출 등 다양한 시각에서 하나의 장면을 상당히 세밀하게 묘사하고 있음을 알 수 있다. 이 같은 프롬프트로 생성된 매머드는 단 한 번도 직접 본 적이 없음에도 불구하고 생명력과 강인함을 충분히 보여주며, 눈 덮인 웅장한 자연은 경외심을 갖게 한다.

이처럼 프롬프트 애니메이션의 세계는 실재를 반영하는 동시에 실재와 아무 관련 없는 시뮬라크르의 특성이 있다. 창작자가 묘사하고 입력한 프롬프트 자체는 실재와는 거리가 먼 자연어 형태다. 즉, 프롬프트 애니메이션 제작이 시작되는 단계에서부터 시뮬라크르가 만들어지며, 반복적인 프롬프트 엔지니어링 과정을 통해 더는 원본이 존재하지 않는 3D 애니메이션이 생성되는 것이다. 이러한 관점에서 프롬프트 애니메이션은 초과 실재로서, 어떠한 지시 대상도 갖지 않는 초실감의 특징을 내포하며, 자연어 형태의 프롬프트가 지시하고 묘사한 대상보다 더 실재적인 것으로 인식되는 것이다.

참고문헌

김현화(2010). 1970~1980년대 한국 극사실화: 이미지와 실재의 간극, 장 보드리야르의 하이퍼리얼 담론으로 읽기. ≪미술사논단≫, 169-196쪽.
선명수(2023.4.18). “국제사진대회 우승작, AI가 만들어” 독일 사진작가, 폭로한 뒤 수상 거부. ≪경향신문≫, https://v.daum.net/v/20230418221011009
오동일(2024). AI를 활용한 애니메이션 제작 영역의 확장 생성형 애니메이션을 중심으로. ≪애니메이션연구≫, 157-171쪽.
유태영(2023.4.18). 세계적 사진전 1위가 ‘AI 이미지’… 다시 불거진 창작 경계 논란. ≪세계일보≫, https://v.daum.net/v/20230418185924116
임영매(2013). 보드리야르: 현대예술과 초미학. ≪인문학논총≫, 79-103쪽.
한국콘텐츠진흥원(2024). 방송영상 산업 AI 활용 현황과 전망. ≪KOCCA FOCUS≫, 168, 5-16쪽.
현기호(2023.04.18). 창작 공모전 AI 활용 논란 커졌다. ≪이코리아≫, https://www.ekoreanews.co.kr/news/articleView.html?idxno=66479
Eldagsen; B. PSEUDOMNESIA: Fake Memories, https://www.eldagsen.com/pseudomnesia/
Glynn, P.(2023.4.18). Sony World Photography Award 2023: Winner refuses award after revealing AI creation. BBC, https://www.bbc.com/news/entertainment-arts-65296763
OpenAI Sora. https://openai.com/index/sora/
Sheldon, R. & Yasar, K.(2024.11.13). What is an AI prompt?, TechTarget, https://www.techtarget.com/searchenterpriseai/definition/AI-prompt
Williams, Z.(2023.4.18), ‘AI isn’t a threat’ – Boris Eldagsen,

whose fake photo duped the Sony judges, hits back. *The Guardian*,
https://www.theguardian.com/artanddesign/2023/apr/18/ai-threat-boris-eldagsen-fake-photo-duped-sony-judges-hits-back

06
페르소나 애니메이션

페르소나 애니메이션은 창작자가 표현한 실사의 행위 이미지를 재료로 삼아 제작되는 생성형 애니메이션이다. 또한 페르소나 애니메이션의 창작자는 자신을 대체한 3D 캐릭터를 매개로 삼아 다양한 페르소나를 발현하면서 소통할 수 있다. 이처럼 1인 미디어 형식의 애니메이션 스토리텔링이 가능한 페르소나 애니메이션은 누구나 쉽게 플랫폼을 통해 제작할 수 있으므로 향후 애니메이션 제작의 대중화를 선도할 것으로 기대된다.

AI와 야구?

페르소나 애니메이션의 개념

페르소나 애니메이션은 '이미지-애니메이션' 형식을 기반으로 생성된다. 다시 말해, 창작자의 동적인 실사 이미지가 생성형 AI를 통해 조형적 이미지인 애니메이션으로 생성되는 것이다. 그 과정에서 창작자의 실재 자아와 가상의 자아가 혼용되어 형성되거나, 어느 하나가 좀 더 두드러지게 나타날 수도 있다. 이에 대한 깊이 있는 이해를 위해서는 사회학적 · 심리학적 의미를 내포하는 '페르소나(persona)'에 대해 접근하는 것이 바람직하다.

페르소나는 '~을 통해서 소리를 내다'라는 의미를 가진 라틴어 'per sonare'에서 비롯됐다. 고대 그리스 가면극의 배우가 특정의 극중 인물을 연기하기 위해 사용했던 가면을 페르소나라고 한다. 실제 가면은 얼굴을 덮고 있지만 대개 입 부분은 뚫려 있어서 배우들의 목소리를 관객에게 전달할 수 있다. 즉, 가면의 입 부분을 '통해서' 배우의 '소리를 낸다'라는 점에서 페르소나는 가면을 의미했다. 지금은 페르소나라는 용어가 연극의 등장인물과 성격, 더 나아가 인격이나 사람으로까지 그 의미가 확장됐다(남경태, 2019; 이태화, 2018).

사회학적 관점에서의 페르소나는 "세상에 대처하기 위해 개인이 쓰는 사회적 가면 또는 사회적 얼굴"을 의미한다. 카를 구스타프 융(Carl Gustav Jung)은 인간 정신의 구조를 설명하는 '인격 이론(theory of personality)'에서 페르소나를 개념적으로 사용하면서 "타인에게 파악되는 자아 혹은 사회적 지위나 가치관에 의해 타인에게 투사된 외적 인격(external personality)"으로 정의했다(이부영, 2011; 박혜인 외, 2022). 그에 따르면 인간은 내적 인격과 외적 인격을 지니고 있고, 여기서 자기가 처해 있는 상황이나 외부 세계에 적응하는 데 필요한 자율성을 지닌 외적 인격 혹은 적응 원형을 페르소나라고 할 수 있다. 다시 말해, 페르소나는 무의식 속에서 내적 인격에 대응적으로 나타날 수 있는 외적 인격을 의미한다. 그러한 외적 인격의 심리적 발현은 어떤 사람이 되어야 하는가에 대한 사회와 개인, 집단정신과 개인 욕구 간의 타협에 의한 것이며, 그것은 특정의 사회 집단이 그 집단의 구성원에게 요구하는 일정한 행동 규범과 행동 양식을 지시하는 것이기도 하다.

이러한 관점에서 생성형 AI 기반의 페르소나 애니메이션에서는 창작자가 자신을 대체하는 3D 캐릭터를 매개로 자신의 추구하는 가상의 자아이자 외적 인격, 즉 페르소나를 발현할 수 있다. 그 과정에서 창작자 개인의 사회적 상황이나 내면 상태, 가치관과 세계관, 문화적 배경, 사회적 통찰 등이 반영되어 정작 각 창작자의 현실 속 자아와는 거리감이 있는 다양한 개성의 페르소나로 발현되고 분화되는 확장성을 보여줄 수 있다.

페르소나 애니메이션의 기술적 형식

페르소나 애니메이션은 생성형 애니메이션의 한 유형이며, 프롬프트 애니메이션과는 형식적으로 차이가 있다. 즉, 생성형 AI에 텍스트 기반의 프롬프트를 입력하는 것이 아니라, 창작자(행위자)가 표현하는 실사 동작의 행위적 이미지를 '이미지-애니메이션' 형식으로 적용하는 것이다.

최근의 기술과 연구 동향을 살펴볼 때, 페르소나 애니메이션의 생성은 너프(NeRF, Neural Radiance Fields) 기술이 적용된 애니메이션 제작 지원 플랫폼이라 할 수 있는 '너패니메이션(Nerfanimation, NeRF + Animation)'을 통해 가능하다. 너패니메이션이라는 용어는 스마트 단말기를 통해 촬영된 행위자의 실사 동작을 분석하고, 고유의 특징을 3D 캐릭터 애니메이션으로 두드러지게 표현하는 실시간 상호작용적인 플랫폼 중심의 기술적 환경과 기능을 포괄하는 의미다(오동일, 2023).

너프는 2D 이미지의 데이터를 입력받아 이를 바탕으

로 3D 장면을 생성하는 AI 모델이다. 너프는 딥 러닝을 적용하여 다수의 다시점 영상과 카메라의 위치, 방향 정보를 이용해 새로운 시점의 3D 영상을 출력한다(한현민 외, 2021). 그러나 기존의 너프 모델은 연산량이 방대하고 렌더링(rendering) 속도가 느리다는 단점이 존재했다. 2022년 NVIDIA는 이러한 문제점을 보완하여 서로 다른 각도에서 촬영된 최소한의 2D 이미지들만으로 3D 장면을 빠르게 재구성하는 'AI 가속 반전 렌더링(AI-accelerated inverse rendering)' 기술이 적용된 인스턴트 너프(Instant NeRF)를 공개했다. 이를 통해 기존의 너프보다 수천 배 빠른 속도로 훨씬 현실적이고 몰입감 있는 3D 장면을 생성할 수 있게 되었다(Clayton, 2024).

이와 같은 너프 기술 기반의 너패니메이션 플랫폼은 창작자가 스마트 단말기의 카메라로 자신의 외형과 동작을 촬영하는 것만으로 생성되는 3D 캐릭터를 매개로 하여 실시간 상호작용적인 형식의 페르소나 애니메이션을 제작할 수 있도록 한다. 그러므로 창작자는 너패니메이션 플랫폼이 지원하는 가상의 상호작용적인 환경 속에서 자신만의 조형적 이미지를 매개로 하여 자신이 의도하는 미학적 영감이나 정서적 욕구를 자유롭게 표현하고, 더 나아가 자신만의 페르소나를 발현하면서 페르소나 애니메이션의 생성 주체가 되는 것이다.

페르소나 애니메이션의 미학적 정체성

페르소나 애니메이션은 너패니메이션의 기술적 환경을 기반으로 하는 생성형 애니메이션의 한 유형이지만, 그것의 미학적 정체성은 전통적인 애니메이션 미학의 시각에서 논의될 수 있을 것이다.

애니메이션의 개념적 관점에서 보면, 실사 동작을 포함한 정지된 사물이나 인형 등 모든 것이 애니메이션의 조형적 재료가 될 수 있다. 그리고 무엇보다 중요한 것은 그러한 조형적 재료에 생동감을 부여하기 위한 다양한 형식과 특성의 애니메이션 기법이다(Furniss, 1998). 이러한 시각에서 볼 때, 페르소나 애니메이션은 조형적 주체인 창작자가 표현하는 실사의 행위 이미지가 조형적 재료가 되는 애니메이션의 형식적 유형이라고 할 수 있다.

특히, 페르소나 애니메이션의 조형적 이미지를 생성하는 재료가 창작자의 현실 속 행위라고 할지라도 현실의 실재가 아닌 초실감의 조형적 이미지로 인식하는 것이 바람직하다. 페르소나 애니메이션은 창작자가 자신의 행위를 촬영하는 것으로 시작되며, 그것은 시뮬라크르가 만들어지는 창조적 작업의 첫 단계라고 할 수 있다. 다시 말하면, 너패니메이션 플랫폼을 기반으로 하는 페르소나 애니메이션의 제작은 창작자가 표현하는 실사의 행위적 이미지, 즉 현실의 원본을 학습, 분석, 재구성, 복원, 생성하는 과정을 통해 현실의 원본과는 완전히 구분되는 시뮬라크르로서의 조형적 이미지와 공간의 형태를 연쇄적으로 생성하는 것이다.

페르소나 애니메이션에서 창작과 소비 집단 모두가 몰입할 수 있는 초실감의 조형적 공간은 로제 카유아(Roger Caillois)가 설명한 놀이의 범주 중 하나인 '미미크리(mimicry)'의 가상공간과 개념적 의미를 공유한다. 미미크리 범주의 놀이는 "가공(架空)의 환경 속에서 활동을 전개하거나 운명에 복종하는 것이 아니라, 그 자신이 가공의 인물이 되어 그것에 어울리게 행동하는 것으로 성립된다. 즉, 사람이 자신을 자기가 아닌 다른 존재라고 믿거나, 자기나 타인에게 믿게 하면서 논다는 사실이다. 놀이하는 자기 자신의 인격을 일시적으로 잊고 바꾸며 버리고서는 다른 인격으로 가장한다." 이러한 놀이가 성립될 수 있는 기본적인 전제 조건은 놀이에 참여하는 모든 자가 그러한 놀이적 형식을 암묵적으로 수용하는 것이다(카이와, 1994). 이와 마찬가지로, 페르소나 애니메이션의 창작자는 자신의 페르소나를 통해 표현되는 가상의 공간을 관객에게 설명하거나 설득할 필요가 없다. 그러므로 창작과 소비 집단 모두는 페르소나 애니메이션의 시공간을 일상과 구분되는 놀이적인 세계로 인식하며 즐겁게 몰입하게 되는 것이다.

페르소나 애니메이션의 산업적 확장성

생성형 AI를 기반으로 하는 애니메이션 제작 영역의 확장은 애니메이션 산업의 발전을 위한 중요한 토대라고 할 수 있다. 이러한 관점에서 플랫폼을 기반으로 하는 페르소나 애니메이션의 제작 환경은 애니메이션 제작의 대중화를 이끄는 기폭제가 될 수 있을 것이다.

하나의 산업 분야가 건전하게 성장하기 위해서는 산업 생태계 내에서 대량생산과 대량소비가 지속해서 이루어져야 한다. 그러나 지금의 애니메이션 산업은 실사 기반의 영상 콘텐츠 산업 분야와 비교해 볼 때 상대적으로 산업 생태계 전반이 위축되거나 정체된 것이 사실이다. 이러한 문제점을 해결하기 위해서는 애니메이션 제작과 소비의 양적 팽창이 우선되어야 할 것이다. 그러므로 누구나 쉽게 플랫폼을 통해 제작할 수 있는 페르소나 애니메이션은 애니메이션 산업이 직면한 문제들을 해결

할 수 있는 해법으로 제시될 수 있을 것이다.

더욱이, 페르소나 애니메이션의 활성화는 새로운 창작과 소비 집단의 유입을 의미하는 것이며, 애니메이션 제작의 대중화를 위한 토대를 마련하는 것이기도 하다. 이 같은 산업적인 현상은 실사 기반의 1인 미디어 산업 발전 과정과 마찬가지로 페르소나 애니메이션의 주제와 소재, 내용의 다양화로 이어지면서 양적 팽창과 더불어 질적 성장을 달성하는 것이기도 하다.

최근의 '멀티-페르소나(multi-persona)'와 관련된 문화 사회적인 현상은 창작자의 유입과 애니메이션의 다양성 확보를 위한 중요한 토대가 될 수 있다. 그와 관련된 대중적 현상이 빠르게 퍼져나간 주된 이유는 미미크리의 개념에서 설명했듯, 각 개인이 자신의 진정성을 찾기보다는 오히려 각기 다른 페르소나의 정체성을 발현하면서 더 큰 즐거움을 찾기 때문이다. 실제로, 멀티 페르소나에 관한 대중적 현상은 '부캐'라는 용어를 통해 엔터테인먼트 산업 전반에 걸쳐 활발히 나타나고 있다. '부캐'는 '다음' 혹은 '둘째'를 뜻하는 '부(副)'와 '캐릭터(character)'를 합친 신조어로, 그 반대말에 해당하는 자기 자신은 '본(本)'캐라고 한다. 이러한 문화 사회적인 흐름 속에서, 일반적으로 캐릭터의 고정적인 개성과 정체성을 보여주는 전통적인 애니메이션과 달리, 3D 캐릭터를 매개로 한 분산적 · 다원적 · 복합적 · 유동적인 캐릭터의 세계관을 효율적으로 구축할 수 있는 페르소나 애니메이션은 대중의 표현적 욕구를 충족하며 애니메이션의 다양성 확보와 산업적 확장을 이끌 것이다.

참고문헌

강민희 · 이승우(2020). 멀티 페르소나의 사례와 의미. ≪한국문예창작≫, 123-143쪽.

김춘경 외(2016). 『상담학 사전』. 학지사.

남경태(2019). 『개념어사전』. 휴머니스트.

노윤주(2020). 본방보다 외전 본캐보다 부캐, 『N콘텐츠』(46-49쪽). 한국콘텐츠진흥원.

로제 카이와(1994). 『놀이와 인간』. 문예출판사.

박혜인 외(2022), MBC 〈놀면 뭐하니?〉에 나타난 부캐와 세계관에 대한 연구. ≪방송과 커뮤니케이션≫, 5-34쪽.

오동일(2023). 너패니메이션 기반 페르소나 애니메이션 연구. ≪애니메이션연구≫, 170-185쪽.

이부영(2011). 『분석심리학: C. G. Jung의 인간심성론』. 일조각.

이정명(2012). 아트메이크업과 페르소나 표현의 상관성 연구. ≪기초조형학연구≫, 359-372쪽.

이태화(2018). 『인생연출』. 부크크.

채진숙(2021). AI로 생성한 페르소나와의 조우 – 실시간 딥페이크 기술의 예술적 활용. 서강대학교 영상대학원 박사학위논문.

한현민 외(2021). 깊이 정보를 활용한 NeRF(Neural Radiance Field) 성능 개선. ≪2021년도 대한전자공학회 추계학술대회 논문집≫,

329–332쪽.

Clayton, J.(2024.04.17). Moving pictures: Transform image into 3D scenes with NVIDIA instant NeRF. NVIDIA, https://blogs.nvidia.com/blog/ai-decoded-instant-nerf/

Furniss, M.(1998). *Art in motion: Animation aesthetics.* John Libbey.

07
생성형 애니메이션 창작자와 소비자

애니메이션 산업의 발전과 확장을 위해서는 기본적으로 창작과 소비의 활성화가 이루어져야 한다. 인공지능 시대를 맞이한 애니메이션 산업은 생성형 애니메이션을 중심으로 애니메이션 제작의 대중화를 모색함으로써 궁극적으로는 애니메이션의 창작 문화를 확산해야 한다. 이를 통해 생성형 애니메이션의 창작자와 소비자가 확대될 뿐만 아니라, 애니메이션 산업 전반의 지속적인 성장과 안정화를 기대할 수 있을 것이다.

AI와 윤동주?

생성형 애니메이션의 대중화

애니메이션 산업의 발전과 확장을 위해서는 먼저 애니메이션 제작 영역의 다변화가 이루어져야 하고, 그 토대 위에서 창작과 소비 집단이 확대될 수 있는 생태계가 조성되어야 한다. 또한 공급자 중심의 대량생산 시대에서 소비자 중심의 산업으로 나아가는 시대적인 흐름 속에서 애니메이션 산업을 바라보는 새로운 패러다임의 시각과 접근이 요구된다.

국내에서는 애니메이션 총량제를 시행하여 방송사가 국내 제작 신규 애니메이션을 일정 시간 의무 편성하도록 함으로써 국내 애니메이션 산업의 보호와 안정화를 꾀해 왔다. 그러나 한편으로는 방송사의 편성 전략에 따라 인기 있는 신작 애니메이션이나 특정 장르와 특정 연령대의 작품이 집중적으로 편성되는 등 제도적인 문제와 한계성을 지니고 있기도 하다. 더욱이, 뉴미디어 환경의 변화와 발전으로 스마트폰이나 태블릿 PC를 이용해 동영상 서비스 플랫폼과 OTT(Over The Top) 등의 영상 콘텐츠를 소비하는 이용 행태가 대중화됐다. 이러한 미디어 환경의 변화 속에서 방송사만을 대상으로 하는 애니메이션 총량제의 실효성은 크게 기대할 수 없을 것이다.

국내 애니메이션 산업의 이러한 상황 속에서 유튜브(YouTube) 등 동영상 서비스 플랫폼에 공급되고 있는 웹 애니메이션들은 침체한 애니메이션 산업에 새로운 활력을 불어넣고 있다. 실제로, '장삐쭈', '소맥거핀', '총몇명' 등과 같은 애니메이션 채널들은 구독자 수가 300만 명이 넘고, 구독자의 연령대도 10대에서부터 성인에 이르기까지 폭넓게 분포되어 있다. 특히, 특정 관심사나 대상을 겨냥한 '니치(niche)' 콘텐츠를 제작해 충성도 높은 구독자들을 확보해 나가는 애니메이션 채널들이 늘어나고 있다. 이처럼 특정 취향과 요구를 충족시키는 애니메이션 산업의 '롱테일(The long tail)' 현상은 세분된 애니메이션 시장을 조성하는 긍정적인 효과로 작용하고 있다. 그러나 그러한 긍정적인 흐름에도 불구하고 애니메이션 제작에 요구되는 전문성과 비용 문제 등으로 시장의 지속성과 양적 확산에 한계가 보이는 것도 사실이다.

인공지능 시대를 맞이한 애니메이션 산업은 유튜브 등 국내외 동영상 서비스 플랫폼을 기반으로 구축된 유통 구조 속에서 롱테일 현상을 지속하고 가속하기 위한 전략적 접근이 요구되는 시점이다. 이러한 시각에서 볼 때, 제작의 편의성과 효율성을 극대화할 수 있는 생성형

AI 기반의 '원스톱 솔루션 플랫폼(one-stop solution platform)'을 중심으로 애니메이션 제작의 활성화와 대중화를 모색하는 것이 바람직할 것이다.

생성형 애니메이션 제작을 지원하는 플랫폼의 확대는 애니메이션 중심의 UCC(user-created contents)가 대중적으로 보편화될 가능성을 크게 높여줄 것이다. 또한 과거 1인 미디어 산업의 발전 과정과 마찬가지로, 애니메이션 제작과 공유를 통해 형성될 수 있는 대중적인 애니메이션 창작의 확산은 새로운 이용자들도 자신의 의도와 의지에 따라 직접 애니메이션을 제작, 유통할 수 있다는 보편적 인식을 널리 퍼지게 할 것이다.

특히 생성형 애니메이션 제작 플랫폼의 편의성과 효율성으로 인해 아마추어지만 애니메이션 제작에 관심과 이해도가 높은 '프로튜어(proteur)' 집단이 애니메이션 산업 생태계로 빠르게 유입될 가능성이 매우 크다. 이들 능동적인 프로튜어 집단은 플랫폼을 기반으로 애니메이션 창작 문화의 대중화뿐만 아니라, 생성형 애니메이션을 중심으로 하는 1인 미디어 시장의 활성화와 성장을 주도적으로 이끌 것이다.

생성형 애니메이션의 창작과 소비 집단

애니메이션 산업의 발전과 확장은 기본적으로 창작자와 소비자의 확대를 통해 가능한 것이다. 이러한 시각에서 볼 때, 생성형 애니메이션은 애니메이션 제작에 관심은 있으나 제작 기술과 자본의 부족으로 실제적인 애니메이션 제작을 시도하지 못했던 잠재적인 애니메이션 창작자들에게 현실적인 대안이 될 수 있을 것이다.

생성형 애니메이션의 플랫폼을 활용하는 창작자들은 애니메이션 제작에서 '텍스트-애니메이션'과 '이미지-애니메이션' 형식으로 접근할 수 있다. 즉, 창작자는 제작 과정상 형식적으로 차이가 나는 프롬프트 애니메이션 혹은 페르소나 애니메이션 플랫폼 중 하나를 선택하여 생성형 애니메이션을 제작할 수 있다. 이들 두 유형의 생성형 애니메이션이 지닌 미학적, 형식적 특징 등에 대해서는 5장과 6장에서 충분히 설명했다. 이 장에서는 문화 사회적 관점에서 두 유형의 애니메이션을 창작하고 소비할 잠재적 집단에 대해 살펴보겠다.

생성형 애니메이션의 제작 영역을 산업적으로 확산할 주도적인 창작과 소비 집단은 C세대가 될 것이다. 코로나19 시기에 비대면 콘텐츠의 폭발적인 성장을 주도했던 그들은 지금도 숏폼(short-form) 콘텐츠 분야에서 왕성한 활동을 보이며 대중문화 콘텐츠 시장을 선도하고 있다. 그러므로 C세대를 중심으로 하는 생성형 애니메이션의 창작과 소비 집단의 유입은 실사 기반 1인 미디어 산업의 성장 과정과 경로를 따라 애니메이션 산업의 확장으로 이어질 가능성이 매우 크다.

C세대의 개념과 특징은 용어에서도 알 수 있듯이 SNS(social network service)와 같은 상호작용적이며 소통적인 플랫폼 기반의 '연결(connection)'과 '커뮤니티(community)' 형성을 선호할 뿐만 아니라, 콘텐츠를 끊임없이 '창조(creation)'하고 그것을 '수집해서 공유하고 가치를 부여하는 것(curation)'에 대해 매우 적극적이며 진취적인 태도를 보여준다. 특히, C세대는 '디지털 네이티브(digital native)'의 특징이 확장된 행동 양식과 태도 등을 공유하는 집단적 성향을 보여준다. 그리고 C세대는 'Z세대'를 의미하는 또 다른 명칭이기도 하며, 글로벌 마케팅 분야에서 이들 세대의 세계관, 가치관, 행동 양태, 소비 형태를 주목하며 새롭게 부여한 명칭이다. 이들은 '디지털 네이티브' 세대로서 '글로벌 세대', '스마트 세대', '유튜브 세대'라는 특징을 내포하고 있기도 하다. 즉, C세대는 '밀레니얼 세대', 'X세대'와 같이 나이와 태어난 시대를 기준으로 구분하기에는 모호한 의미적 경

계를 갖는다. 그러므로 C세대는 연령대를 기준으로 구분하기보다는 행동 양식과 태도를 토대로 접근하는 것이 바람직하다(한국콘텐츠진흥원, 2017; 오동일, 2022).

생성형 애니메이션은 플랫폼을 기반으로 하는 엔터테인먼트 산업의 주요 소비층인 'C세대'에게도 자신의 페르소나를 마음껏 발현하고 표출할 수 있는 상당히 흥미로운 세계이자 공간이 될 수 있다. 그것은 생성형 AI가 애니메이션 제작의 편의성과 효율성을 높여줄 뿐만 아니라, 창작자의 창의성을 강화해줄 수 있기 때문이다. 생성형 AI의 그러한 장점은 동시대의 창작 집단과 대중을 혁신적이며 풍요로운 창작 세계로 빠르게 이끌 수 있을 것이다.

이처럼 생성형 애니메이션 시장의 빠른 성장을 위해서는 자기 주도적인 창작과 소비에 익숙한 C세대의 역할이 매우 크다고 할 수 있다. 실제로, 그들이 보여주는 창의적이며 능동적인 성향과 행동은 대부분 산업에서 근본적인 혁신의 변화를 초래하고 급진적인 성장을 위한 큰 기회를 만들어 내고 있다. 유튜브가 빠르게 성공할 수 있었던 주된 이유도 주요 이용자 계층인 C세대의 능동적인 역할이 컸다고 할 수 있다.

이러한 사실에 비추어 볼 때, C세대는 생성형 AI라는 신기술의 발전으로 촉발된 생성형 애니메이션 시장에서 매우 강력한 성장의 원동력으로 작용할 것으로 확신한다. 그뿐만 아니라 그들은 애니메이션 산업의 생태계에서 100여 년이 넘게 견고히 구축되어온 창작과 소비 주체 사이의 경계를 허물 수도 있을 것이다. 이를 통해 애니메이션 산업은 다종(多種), 다층(多層), 다차원(多次元)적으로 확장하는 새로운 도약과 발전의 시대를 본격적으로 맞이할 것이다.

생성형 애니메이션의 창작과 소비 동기

생성형 애니메이션이 지닌 제작의 편의성과 효율성만으로 향후 애니메이션 산업에 미칠 영향력과 파급력에 대해 낙관적으로 전망하는 것은 다소 논쟁의 소지가 있을 수 있다. 특히, 생성형 애니메이션을 중심으로 하는 애니메이션 제작의 대중화에 대해 객관적으로 설명하기 위해서는 산업 생태계를 구성하는 창작과 소비 집단의 참여 동기를 살펴보는 것이 무엇보다 중요할 수 있다.

생성형 애니메이션의 확장과 성장 동력으로 예상되는 C세대는 SNS 플랫폼을 중심으로 대중문화를 선도하고 있을 뿐만 아니라, 플랫폼 기반의 영상 산업 분야에서도 큰 영향력을 미치고 있다. 그들의 SNS 이용 동기를 살펴보면, '정보를 얻고자 하는 기능적 동기', '관계를 맺고자 하는 사회적 동기', '오락과 즐거움을 얻고자 하는 유희적 동기'로 나누어 볼 수 있다(이소희 외, 2013). 이러한 사실에서 C세대를 중심으로 하는 생성형 애니메이션의 창작과 소비 집단은 기본적으로 '기능적', '사회적', '유희적' 동기를 지닌 능동적 주체라고 볼 수 있다.

특히, 유희적 동기는 생성형 애니메이션의 확장과 성장을 위한 주된 요인으로 작용할 수 있다. 그 이유는 생성형 애니메이션의 대표적인 두 유형인 프롬프트 애니메이션과 페르소나 애니메이션 모두 놀이적인 환경 속에서 제작과 유통이 이루어지기 때문이다. 프롬프트 애니메이션은 동영상 서비스 플랫폼을 통해 공유되기 때문에 창작자의 미학적 우월성을 드러내기 위한 제작과 경쟁적인 놀이로 나타난다(8장 'AI와 애니메이션 산업의 확장' 참고). 그리고 페르소나 애니메이션의 경우는 실시간 상호작용적인 제작 형식 속에서 초실감의 조형적 공간을 가공의 세계로 공유하는 놀이가 일어난다(6장 '페르소나 애니메이션' 참고). 그러므로 생성형 애니메이션의 유형에 상관없이 창작과 소비 집단은 자신이 경험하는 형식과 환경 속에서 놀이적인 목적성을 보여줄 가능성이 매우 크다.

더욱이, 생성형 애니메이션 시장에서 창작과 소비 분야의 중심적인 역할을 하게 될 C세대는 이미 유튜브 등 다양한 디지털 플랫폼에서 자유로운 표현과 소통, 문화를 형성하고 공유하는 유희적 행위를 주도적으로 실천해 왔다. 그러므로 그들 집단은 생성형 애니메이션의 플랫폼에서도 자신들의 유희적 동기를 충족하기 위해 능동적이며 창의적인 창작과 소비 활동을 왕성하게 해나갈 것으로 기대한다.

참고문헌

김시무(2007). 스타 페르소나와 관객 간의 상호 연관성 연구. ≪영화연구≫, 67-99쪽.

돈 탭스코드(2009). 『디지털 네이티브』. 비즈니스북스.

로제 카이와(1994). 『놀이와 인간』. 문예출판사.

박치완(2019). 세대론의 르네상스와 '디지털 원주민 세대'의 이해. ≪문화콘텐츠연구≫, 7-43쪽.

오동일(2022). 유튜브의 유희성 연구: 놀이 유형의 분석을 중심으로. ≪한국콘텐츠학회논문지≫, 349-357쪽.

오동일(2024). AI를 활용한 애니메이션 제작 영역의 확장 생성형 애니메이션을 중심으로. ≪애니메이션연구≫, 157-171쪽.

이소희 외(2013). 모바일 메신저의 이용 동기, 상호작용, 사용자 몰입에 관한 연구: 카카오톡을 중심으로. ≪디지털디자인학연구≫, 479-488쪽.

한국콘텐츠진흥원(2017). 연결과 창의의 아이콘, C제너레이션, ≪N content≫, 8-13쪽.

Stephen, P.(1997). *Movies and meaning: An introduction.* Allyn and Bacon.

08
AI와 애니메이션 산업의 확장

애니메이션 산업이 안정적으로 성장하기 위해서는 플랫폼을 기반으로 하는 산업 생태계가 구축되어야 한다. 플랫폼을 중심으로 제작되고 공유되는 생성형 애니메이션의 창작과 소비 집단은 그들만의 문화를 형성하며 빠르게 확대될 것이다. 이러한 변화와 성장 속에서 수많은 창작자가 애니메이션 산업으로 새롭게 유입될 뿐만 아니라, 다양한 주제와 소재, 형식과 내용의 애니메이션이 제작될 수 있는 산업적 환경이 조성될 수 있을 것이다.

AI와 한의학?

애니메이션 산업 생태계의 변화

지금까지의 영상 산업은 실사 기반의 영화와 드라마, 예능, 1인 미디어 분야 등을 중심으로 발전해 왔다. 최근의 영상 산업 분야는 콘텐츠의 형식과 내용이 더욱 다양해지고 있을 뿐만 아니라, 동영상 서비스 플랫폼과 OTT 등 여러 유형의 뉴미디어를 통해 질적으로나 양적으로 빠른 성장을 보여주고 있다.

반면 애니메이션 산업은 실사 기반의 영상 산업 분야와 비교해 오랜 기간 정체된 모습을 보여주고 있다. 애니메이션에 대한 대중적인 인식의 변화와 관객층의 확대가 이루어지고 있기는 하지만 하나의 산업으로서 온전히 지속적으로 발전하기 위한 산업 생태계의 다양성을 확보하지 못한 것도 사실이다.

애니메이션 산업이 직면하고 있는 이러한 문제를 해결하기 위해서는 먼저 플랫폼을 기반으로 하는 산업 생태계가 구축되어야 한다. 이를 통해 수많은 창작자가 애니메이션 산업으로 유입되고, 그들에 의해 다양한 주제와 소재, 형식과 내용의 콘텐츠가 제작될 수 있는 환경을 조성해야 한다. 이러한 관점에서, 생성형 애니메이션을 제작하고 서비스하는 플랫폼과, 그 플랫폼을 통해 생성된 애니메이션을 공유하는 동영상 서비스 플랫폼의 활성화를 위한 방안을 모색하는 것이 현실적으로 필요하다.

플랫폼을 기반으로 하는 1인 미디어, 웹툰과 웹소설 분야가 급성장한 주된 배경에는 제작과 유통 환경의 개선이 있었기 때문이다. 또한 플랫폼 중심의 제작과 유통은 각 분야의 자생적인 성장 가능성을 높여주었다. 실제로 생성형 AI 기술을 기반으로 한 애니메이션 제작의 편의성과 효율성이 높아지면서 그 창작물을 누구나 쉽게 공유할 수 있는 플랫폼 환경이 조성된다면 새로운 창작자의 유입은 쉽게 이루어질 것이다.

이렇듯, 생성형 AI 기술과 애니메이션 산업의 융합은 창작자와 소비자를 빠르게 유입시키고 궁극적으로는 애니메이션 산업의 확장을 주도하는 최선의 방안이 될 수 있다. 그러므로 생성형 AI를 바라보는 우리의 시각은 좀 더 개방적이며 열린 태도를 보여줄 필요가 있다. 생성형 AI의 도입으로 일자리가 감소하거나 콘텐츠가 표준화되거나 일반화되는 등 여러 부정적인 요소와 문제가 발생할 수도 있다. 그러나 애니메이션 산업의 역사를 살펴보면 새로운 기술의 개발이나 디지털 신기술의 유입이 산업 발전에 악영향을 미친 사례는 쉽게 찾아볼 수 없다. 오히려 신기술의 도입을 통해 제작 영역을 확장하고 산업적 발전을 거듭했다고 보는 것이 바람직할 것이다. 그만큼 가상의 캐릭터와 환상의 세계를 그려내는 애니메이션 산업이 지닌 신기술에 대한 흡수력은 타 산업과 비교해 매우 뛰어나다고 할 수 있다. 그러므로 생성형 AI를 부정적이고 경쟁적으로 바라보기보다는 자신의 창조성을 확장하기 위한 하나의 창작 도구로 수용하고 활용하는 것이 바람직할 것이다.

생성형 애니메이션과 AI 크리에이터

'크리에이터(creator)'는 콘텐츠를 창작하고 공유하는 창작자를 지칭하며, 전통적인 미디어의 감독이나 작가와 달리 주로 유튜브, 인스타그램(Instagram), 틱톡(TikTok) 등과 같은 디지털 플랫폼을 통해 활동한다. '생성형 애니메이션 크리에이터(이하, AI 크리에이터)'의 의미도 이와 같은 개념적 논의에서 크게 벗어나지는 않는다. 다만, 생성형 애니메이션의 유형과 형식에 따라 AI 크리에이터의 활동 범위와 결과물의 공유 방식이 다소 차이가 있을 수 있다. 이러한 관점에서 AI 크리에이터의 개념과 특징은 크게 두 가지 측면에서 논의될 수 있다.

첫 번째로, AI 크리에이터는 생성형 AI 기술 기반의 플랫폼에서 생성형 애니메이션을 제작하고, 그 결과물을 동영상 서비스 플랫폼을 통해 공유할 수 있다. 이에 해당하는 생성형 애니메이션의 유형은 프롬프트 애니메이션이다. 물론 페르소나 애니메이션도 녹화한 결과물을 동영상 서비스 플랫폼을 통해 공유할 수 있다.

앞서 엘다그센의 사례를 통해 설명했듯이, 프롬프트 애니메이션의 AI 크리에이터는 만족할 만한 생성형 애니메이션을 제작하기 위해 프롬프트 엔지니어링 과정을 반복적으로 거듭해야 한다. 그와 같은 프롬프트 엔지니어링은 자신의 창조적 우월감을 드러낼 수 있는 유일한 방식이며, 누구나 공정하고 공평하게 부여받는 조건이다. 다시 말해, 프롬프트 애니메이션에서 우연적인 요소는 쉽게 찾아볼 수 없다. 생성된 결과물의 미학적 완전함과 정교함을 성취하기 위해서는 AI 크리에이터로 지칭되는 창작자 자신이 지닌 조형적인 표현 능력과 프롬프트에 관한 지속적인 연구만이 중요하게 작용한다.

특히, 프롬프트 애니메이션의 결과물이 주로 공유되는 동영상 서비스 플랫폼은 상호작용적인 환경과 기능을 제공함으로써 사용자가 다양한 엔터테인먼트를 자의적으로 즐길 수 있는 무한한 자유로움을 선사한다. 대표적인 동영상 서비스 플랫폼인 유튜브는 구독자 1,000명과 누적 시청 시간이 4,000시간이 되면 광고 수익을 통한 수익 창출의 기회가 주어진다. 또한, 유튜브에서는 정해진 구독자 수를 넘고, 유튜브 정책과 커뮤니티 가이드, 서비스 약관 등을 준수하며 채널 성장에 헌신적인 노력을 한 크리에이터에게 시상하는 '크리에이터 어워즈' 제도가 있다.

더욱이 대부분의 동영상 서비스 플랫폼은 경쟁적인 놀이에서 가장 중요시하는 공정성이 엄격하게 적용된다. 그리고 크리에이터의 경쟁적인 놀이 행위를 통한 성과는 수익 창출로 이어지기도 하지만, 댓글과 같은 대중적 평가를 통해 지속적인 도전과 시도를 위한 창조적 자극을 받기도 한다. 이처럼 프롬프트 애니메이션의 AI 크리에이터는 인위적으로 설정된 평등한 기회의 조건과 환경 속에서 창작과 공유를 통해 경쟁적인 놀이 행위를 지속할 수 있는 유희적 동기를 안정적으로 유지할 수 있는 것이다.

두 번째로, AI 크리에이터는 이용자들과 실시간 상호작용이 가능한 플랫폼을 기반으로 생성형 애니메이션을 생성하고 공유할 수 있다. 페르소나 애니메이션은 이에 해당하는 생성형 애니메이션 유형이다. 또한 페르소나 애니메이션도 앞서 설명한 프롬프트 애니메이션과 마찬가지로 크리에이터의 창조적 행위를 통해 광고 수익 창출뿐만 아니라, 구독자 수, 실시간 댓글 등의 여러 요인을 통해 경쟁적인 놀이적 목적성을 띠는 유희적 동기가 지속해서 작용할 수 있다.

페르소나 애니메이션의 AI 크리에이터는 자신의 실사 이미지를 형상화한 3D 캐릭터를 매개로 자신이 추구하는 자아를 구현하거나, 혹은 또 다른 허구의 자아를 흉내 내거나 표현하면서 자신의 내적인 욕구에서부터 사회적인 저항에 이르기까지 폭넓은 주제와 소재를 갖고 이야기를 펼쳐 나갈 수 있다. 즉, 페르소나 애니메이션의 AI 크리에이터는 자신의 정서와 의지, 이데올로기, 가치관, 세계관, 문화적 배경, 사회적 통찰 등을 토대로 의도적인 혹은 임의적인 서사적 구조의 이야기 세계를 불특정 다수의 이용자와 공유하며 소통하는 즐거움을 경험할 수 있다. 이러한 점에서, 페르소나 애니메이션의 AI 크리에이터는 '스크립트(scripted)'와 '논-스크립트(non-scripted)'를 양극단으로 하는 서사적 범위 내에서 자유롭게 표현과 소통을 이어갈 수 있는 것이다.

더 나아가, 페르소나 애니메이션의 AI 크리에이터는 연기적 행위를 통해 자신이 의도하는 인물이나 대상을 실제로 형상화하거나, 실시간 댓글 등을 기반으로 이용자들과 상호 교감하고 공유할 수 있는 극적(劇的) 환상을 끊임없이 창조할 수 있다. AI 크리에이터는 페르소나 애니메이션의 창조적인 확장성과 유연성으로 실시간 광고나 라이브 커머스(live commerce) 등 다양한 산업 분야로 생성형 애니메이션의 활용 범위를 넓혀나갈 수 있을 것이다.

생성형 애니메이션과 플랫폼

모바일 미디어 플랫폼의 보편화는 영상 콘텐츠의 형식과 내용에 큰 변화를 가져왔을 뿐만 아니라 시청자를 적극적이며 능동적인 주체로 만들었다. 실제로 스마트폰에 기본적으로 탑재된 직관적인 영상 제작 도구는 창작과 공유에 대한 진입 장벽을 낮춤으로써, "시청자가 단방향적인 수용을 넘어 적극적으로 자신의 기호에 맞게 콘텐츠를 큐레이팅하는 큐레이터(curator)이자 콘텐츠를 생성할 수 있는 능동적인 사용자, 프로슈머(prosumer)로서의 의미를 지닌 주체"로 확장되었다. 이처럼 플랫폼을 기반으로 하는 영상 콘텐츠의 창작과 공유의 대중화는 창작 주체의 확대뿐만 아니라 숏폼 영상 콘텐츠의 형식과 내용의 다양화로 이어지고 있다(이진, 2020).

이 같은 시대적인 상황 속에서 플랫폼을 기반으로 제작되고 공유되는 생성형 애니메이션의 창작과 소비 집단은 그들만의 문화를 형성하며 빠르게 확대될 가능성이 매우 크다. 그에 따라 애니메이션의 제작과 소비에 대한 대중적 인식의 변화도 크게 달라질 것이다. 이처럼 생성형 AI와 애니메이션 산업의 융합으로 나타나게 될 플랫폼 기반의 생성형 애니메이션은 실사 중심의 영상 산업 속에서 애니메이션 산업 분야의 영향력과 파급력을 높여줄 수 있을 것이다.

특히, 생성형 애니메이션이 공유되는 플랫폼은 기본적으로 창작과 소비 집단이 상호작용적 행위를 할 수 있는 환경을 지원한다. 그러한 플랫폼의 공간은 전 세계 네트워크를 통해 실시간으로 광범위한 공유와 소통을 가능하게 하는 시공간적 확장성을 지니고 있다. 더욱이, 특정 AI 크리에이터의 생성형 애니메이션이 우연히 네트워크 허브(hub)로 연결될 수 있는 확산의 기회가 상시 존재하고 있기도 하다. 다시 말하면, 생성형 애니메이션이 공유되는 과정에서 의도치 않았더라도 우연히 강력한 네트워크 허브와 연결되어 구독자 수와 인지도가 점점 빠르게 상승하는 '스노볼 효과(snowball effect)'가 일어날 수 있는 것이다.

이렇듯 생성형 애니메이션은 제작과 공유, 그리고 비즈니스 생태계를 지원하는 플랫폼을 기반으로 창작과 소비 집단을 하나로 연결하는 개방적인 생태계 구조를 효과적으로 형성할 것이다. 그리고 그와 같은 플랫폼 기반의 생성형 애니메이션 시장은 양질의 창작물과 소비 집단의 증가로 생태계의 전반적인 가치를 높이고 산업적인 확장을 촉진시킬 것이다.

참고문헌

강민정 외(2020). Z세대가 즐기는 유튜브 채널의 몰입 요인과 특징. ≪한국콘텐츠학회논문지≫, 150-161쪽.

권보연(2019). 『SNS와 게이미피케이션』. 커뮤니케이션북스.

김기윤(2017). 1인 미디어의 산업적 특성과 이용 현황에 대한 탐색적 연구: 기술 활용 진화의 관점에서 MCN 사업자에 대한 심층인터뷰를 중심으로. ≪한국소통학보≫, 213-248쪽.

돈 탭스코드(2009). 『디지털 네이티브』. 비즈니스북스.

로제 카이와(1994). 『놀이와 인간』. 문예출판사.

박상현 외(2020). 유튜브 정치 · 시사 채널 이용이 정치사회화에 미치는 영향. ≪한국콘텐츠학회논문지≫, 224-237쪽.

박치완(2019). 세대론의 르네상스와 '디지털 원주민 세대'의 이해. ≪문화콘텐츠연구≫, 7-43쪽.

안상혁(2004). 로제 카이와(Roger Caillois)의 놀이론을 통한 온라인 게임 고찰. ≪Archives of Design Research≫, 119-126쪽.

오동일(2016). 소셜 크리에이터 산업의 활성화 요인 연구. ≪애니메이션연구≫, 53-68쪽.

오동일(2024). AI를 활용한 애니메이션 제작 영역의 확장 생성형 애니메이션을 중심으로. ≪애니메이션연구≫, 157-171쪽.

요한 하위징아(1993). 『호모 루덴스』. 까치.

이소희 외(2013). 모바일 메신저의 이용 동기, 상호작용, 사용자 몰입에 관한 연구: 카카오톡을 중심으로. ≪디지털디자인학연구≫, 479-488쪽.
이진(2020). 숏폼 동영상 콘텐츠의 유형 연구, ≪인문콘텐츠≫, 121-139쪽.
한국콘텐츠진흥원(2017). 연결과 창의의 아이콘, C제너레이션. ≪N content≫, 8-13쪽.

09
생성형 애니메이션 제작 교육

생성형 AI 기술은 애니메이션 제작에 관한 지식과 경험이 부족한 젊은 세대보다 기성세대가 활용하기 유리한 디지털 신기술이다. 그러므로 생성형 AI 기술의 활용에만 집중된 제작 교육은 긍정적인 교육적 효과를 기대하기 어렵다. 생성형 애니메이션 제작 교육은 전통적인 애니메이션 교육과정을 기반으로 다학제의 이론적, 실무적 교육이 융합적으로 이루어져야만 유의미한 교육적 성과를 기대할 수 있다.

AI와 화장품?

교육 목적 및 방향

최근 애니메이션 산업에서는 생성형 AI 기술을 창의적으로 활용하여 제작의 효율성을 크게 높이고 있다. 이러한 사실에 비추어 볼 때, 생성형 AI는 애니메이션 제작 과정의 자동화 처리 기능과 뛰어난 생성 능력으로 창작자의 창의성을 강화하는 도구로 활용될 수 있을 뿐만 아니라, 애니메이션 교육에서도 혁신적인 변화를 불러올 수 있을 것이다.

OpenAI의 생성형 AI '소라'의 경우 지금은 텍스트 기반의 프롬프트만으로 최대 20초 길이의 애니메이션을 생성할 수 있다고 하지만, 그러한 분량은 산업 현장에서의 요구만큼이나 빠르게 늘어날 것이다. 더욱이, '소라'가 생성한 애니메이션은 기존의 동영상 생성형 AI 도구들과 비교해 볼 때 질적으로 한층 개선된 조형적 이미지를 보여준다. 실제로, 직관적인 사용성이 돋보이는 스토리보드 기반의 혁신적인 편집 기능과 두 개의 동영상을 하나로 변환시키거나 새로운 스타일로 리믹스(remix)하는 기능을 지원하기도 하고, 세부적인 촬영 설정과 다양한 미학적 양식을 반영하는 것이 가능하다. 특히, '소라'는 챗지피티의 언어 이해력을 기반으로 프롬프트를 정확하게 해석하고 창작자가 의도하는 애니메이션을 더욱 정교하게 생성하는 능력을 갖추고 있다. 그리고 무엇보다 중요한 사실은 '소라' 뿐만 아니라 '베오 2'를 비롯한 더욱 강력한 성능의 생성형 AI가 계속해서 개발되고 있다는 점이다. 그러므로 향후 이를 활용하는 창작자의 창의성은 더욱 강화될 수 있을 것으로 기대된다.

이처럼 생성형 AI 기술 분야의 급속한 발전과 산업적 활성화를 통해서 '소라'와 같이 애니메이션 제작의 전 과정을 원스톱(one-stop)으로 실행할 수 있는 생성형 AI 플랫폼의 개발과 서비스가 빠르게 확대될 것으로 예상된다. 이러한 시대적 흐름 속에서 생성형 애니메이션 제작 교육의 목적은 기본적으로 '생성형 애니메이션 2.0'을 성공적으로 제작하기 위한 미학적, 기술적 역량을 쌓는 것에 초점을 맞추는 것이 바람직할 것이다.

2장에서 설명했듯, '생성형 애니메이션 2.0(이하, 생성형 애니메이션)'은 애니메이션 제작의 전 과정이 '텍스트-애니메이션' 혹은 '이미지-애니메이션' 형식으로 자동화되어 완성되는 생성형 애니메이션을 포괄적으로 지칭한다. 그러므로 생성형 애니메이션 제작 교육의 핵심적인 목적은 생성형 애니메이션의 하위 유형인 프롬프트 애니메이션과 페르소나 애니메이션 제작에 필요한 이론적 지식을 쌓고 실무적 역량을 강화하는 것이어야만 한다.

대학 등 교육기관에서 그와 같은 교육적 목적을 달성하기 위해서는 먼저 애니메이션과 영화 등의 학문 분야를 포함한 다학제(multidisciplinary)의 이론적 접근이 필요하다. 그리고 종합예술의 관점에서 문학, 회화, 디자인, 연기, 무용, 건축, 조명, 촬영, 의상, 소품 등 다양한 영역의 세부적인 실무 교육이 동시에 이루어져야 할 것이다. 그뿐만 아니라 '소라'와 같은 동영상 생성형 AI 플랫폼의 생성 기능과 환경, 그리고 UI(user interface) 등에 대한 활용 역량을 키울 수 있는 실용적인 실무 교육이 균형적으로 구성되는 것이 바람직할 것이다.

엘다그센이 언급한 바와 같이, 생성형 AI 기술은 지식과 경험이 부족한 젊은 세대보다 오히려 기성세대가 활용하기에 유리한 최초의 디지털 신기술이라는 사실에 주목해야 한다. 젊은 세대가 '디지털 네이티브'이자 'C세대'라고 할지라도 생성형 AI 기술의 활용 능력에서는 기성세대보다 더 나은 것이 없을 수 있다. 이러한 점에서 생성형 AI 기술에만 집중된 생성형 애니메이션 제작 교육은 교육적으로 결코 긍정적인 효과를 기대하기가 어렵다는 사실을 명심해야 한다.

프롬프트 애니메이션 제작 교육

생성형 AI와 애니메이션 교육의 융합과 관련된 선행 연구의 대부분은 급변하는 산업 환경에 대응하기 위한 새로운 교육과정과 방식의 필요성을 지적하고 있다(박성원 · 성례아, 2023; 박정아 외, 2024). 국내 애니메이션 관련 학과들의 교육과정을 살펴보면, 교과목들의 구성이 주로 애니메이션 기법과 제작 기술 습득에 초점을 맞추고 있으며, 최근에는 산업 환경의 변화 등을 고려해 3D 컴퓨터 애니메이션 분야에 집중되어 있기도 하다.

프롬프트 애니메이션은 형식적으로 텍스트 기반의 프롬프트를 입력하여 창작자가 의도하는 애니메이션을 생성하게 된다. 그러므로 전체적인 교육과정에서 프롬프트 엔지니어링에 대한 교육 내용의 비율이 높을 수밖에 없을 것이다. 프롬프트 엔지니어링 과정은 생성형 AI를 기반으로 창작자가 의도하는 정확한 결과물을 얻기 위해 명령어를 만드는 작업이다. 최근에는 생성형 AI에 활용할 명령어를 거래하는 '프롬프트 엔지니어링 시장'이 확대되고 있기도 하다. 이처럼 프롬프트 엔지니어링은 하나의 전문 분야로 인식되고 있으며, 이에 대한 인력 수요가 급증할 것으로 예상된다. 이러한 산업적 추세에 맞춰 교육기관에서도 프롬프트 엔지니어링 분야를 핵심적인 교육 영역으로 바라보고, 그에 대한 교과목 구성과 교육 내용에 대한 깊이 있는 논의가 이루어져야 할 것이다.

생성형 AI 기술은 생동감 있는 캐릭터 애니메이션의 장면을 생성하는 데 혁신을 가져오고 있다. 딥 러닝 알고리즘을 활용하여 현실적인 움직임과 행동을 분석하고 재현하며, 높은 디테일과 사실성을 유지하면서도 애니메이션 제작 과정을 간소화한다. 또한 캐릭터의 안면 애니메이션에서도 세밀한 표정과 립싱크를 생성할 수 있어서 감정의 미묘함을 효과적으로 표현할 수 있다. 아울러 동적인 객체나 흐르는 물, 흔들리는 나뭇잎과 같은 자연 현상을 애니메이션으로 생성하는 데에도 뛰어난 기술력을 보여준다. 이외에도 각기 다른 행동을 하는 대규모 그룹의 캐릭터를 손쉽게 생성할 수 있다. 이 모든 것들이 명령어에 의해 생성되는 것으로서, 창작자는 프롬프트 엔지니어링 과정에서 그와 같은 장면을 정확하고 세밀하게 묘사할 수 있는 역량을 갖추고 있어야 한다.

생성형 애니메이션 분야에서 선도적인 위치를 점하고 있는 '소라'의 경우 프롬프트의 입력으로 최대 20초 분량의 장면을 생성할 수 있다. 그리고 새롭게 출시된 생성형 AI에서도 영상 생성 시간은 늘어나고 있지만, 여전히 한계는 존재한다. 즉, 프롬프트 엔지니어링으로 생성한 여러 장면을 편집 기능을 통해 하나로 연결하여 작품을 완성하는 제작 방식이 적용될 수밖에 없는 것이다. 이러한 형식적 특징과 기술적 환경을 고려할 때, 프롬프트 애니메이션 제작 과정에서 프롬프트 엔지니어링 작업의 기본 단위는 '장면(scene)'으로 보는 것이 바람직하다.

장면 단위의 프롬프트 엔지니어링 과정에서는 하나의 장면을 구성하는 여러 조형적 요소에 대한 깊이 있는 이해와 분석을 전제로 하는 묘사와 설명이 요구된다. 예를 들어, 연기적 측면에서 보면 창작자는 캐릭터의 욕망, 목표, 의지, 감정, 갈등, 내면의 상태, 개성, 성격 등이 잘 드러나는 인물 창조를 위해 적절한 연기적 행위를 설명할 수 있어야 한다. 이를 위해 캐릭터의 디자인적인 요소를 기반으로 표정과 자세, 제스처, 걷기, 뛰기, 시선, 보폭, 속도, 무게감, 방향, 높이 등을 정확하게 묘사할 수 있어야 한다. 특히, 대사나 표정, 제스처가 없더라도 캐릭터가 공간을 점유하는 방식에 따라 정서적 변화가 다양하게 나타난다. 또한, 캐릭터 간의 거리와 공간을 점유하는 방식에 따라 두 캐릭터의 관계성뿐만 아니라, 캐릭터 간에 교류되는 정서와 분위기를 보여줄 수 있다(나경민 · 오동일, 2024). 그러므로 창작자는 이러한 요소들에 대해서도 세밀한 프롬프트 엔지니어링을 할 수 있는 역량을 갖추고 있어야 한다.

이와 더불어 카메라의 구도와 앵글, 카메라 워크, 색채, 원근감, 조명의 밝기, 소품, 의상 및 분장, 특수효과 등 전반적인 미장센에 대한 연출적인 부분까지도 프롬프트에 잘 반영하여 장면의 정서와 상황적 분위기, 그리고 이야기를 효과적으로 전달할 수 있어야 한다. 그러므로 프롬프트 애니메이션 제작 교육은 전통적인 애니메이션 교육과정을 기반으로 연출, 연기, 촬영, 조명, 회화 등 다학제의 종합예술 분야를 융합한 교육 방법을 통해 유의미한 교육적 성과를 창출할 수 있도록 해야 한다.

페르소나 애니메이션 제작 교육

페르소나 애니메이션은 너패니메이션 플랫폼의 실시간 상호작용적인 환경에서 '이미지-애니메이션' 형식으로 생성되거나, 그러한 플랫폼에서 제작된 페르소나 애니메이션을 동영상 서비스 플랫폼을 통해 공유할 수 있다. 그리고 페르소나 애니메이션은 형식적으로 3D 캐릭터를 매개로 하여 창작자(행위자)가 의도하는 페르소나를 발현할 수 있으므로 캐릭터가 지닌 확장성이 매우 크다고 할 수 있다. 그런 만큼 페르소나 애니메이션의 스토리텔링은 의도적이거나 즉흥적으로 임의적인 이야기를 이어가며 지속할 수 있다. 이 같은 형식적 특징으로 인해, 페르소나 애니메이션 제작 과정에서 작업의 기본 단위를 구분하는 것은 무의미할 수 있다.

이처럼 페르소나 애니메이션은 실사 기반의 1인 미디어 분야와 형식적인 특징을 공유하는 것으로 볼 수 있다. 그리고 교육에서도 1인 미디어 창작자 교육과정과 마찬가지로 콘텐츠 기획에서부터 촬영, 편집, 효과 등에 관한 것이 주요 교육 내용이라고 할 수 있다. 특히, 페르소나 애니메이션의 제작 과정에서는 프롬프트 엔지니어링이 아닌 창작자(행위자)의 실사 이미지를 촬영해 애니메이션의 생성을 위한 데이터를 얻게 되는 것이다. 그러므로 캐릭터의 페르소나를 효과적으로 형성하는 데 필요한 연기적 역량을 강화할 수 있는 교육은 전체 교육과정의 핵심 영역이라고 할 수 있다.

앞서 여러 번 설명했듯, 프롬프트 애니메이션과 페르소나 애니메이션 사이에는 명확한 형식적 차이가 존재한다. 그러나 두 유형의 애니메이션 제작 교육과정에서는 상당 부분 중복되거나 일치할 수 있다는 사실을 알 수 있다. 그리고 실제로 교육 내용에서도 애니메이션 분야뿐만 아니라, 종합예술의 여러 영역이 포함될 수 있다는 점도 같다고 할 수 있다. 그러므로 생성형 애니메이션 제작 교육을 위한 교육과정의 설계에서는 다학제의 교육 영역을 다양하게 반영하는 것이 무엇보다 중요하다고 볼 수 있다.

참고문헌

김미정(2023.3.14). “생성 AI에 쓸 명령어 팝니다”... 프롬프트 시장 확대. ≪ZDNET Korea≫, https://zdnet.co.kr/view/?no=20230314091022

나경민 · 오동일(2024). 애니메이션 ‘과장’ 원리를 적용한 연기교육 방법 연구: 표정과 몸짓을 중심으로. ≪애니메이션연구≫, 50-65쪽.

류한석(2024.12.23.). ‘소라’가 특별한 다섯 가지 이유. ≪주간경향≫, 1610, https://weekly.khan.co.kr/khnm.html?mode=view&art_id=202412131500001&code=114

박성원 · 성례아(2023). 생성형 AI를 활용한 애니메이션 교육의 방향성 연구. ≪만화애니메이션연구≫, 5-43쪽.

박정아 외(2024). 생성형 AI와 애니메이션 교육의 융합: 다학제적 관점에서 교육 전략 및 발전 방향 모색. ≪애니메이션연구≫, 90-117쪽.

Jayaseelan, N.(2024.01.24). How animation industry can be transformed by generative AI. E2E Cloud, https://www.e2enetworks.com/blog/how-animation-industry-can-be-transformed-by-generative-ai

10
AI와 애니메이션 산업의 미래

생성형 애니메이션의 산업적 활성화는 전통적인 애니메이션 산업과의 충돌이 아닌 제작 영역의 확장을 통한 동반적 성장으로 바라봐야 할 것이다. 애니메이터의 전통적인 작업 영역은 고유의 미학적 차별성으로 견고하게 지켜질 것이다. 또한 생성형 AI와 애니메이션 산업의 융합으로 맞이할 미래는 애니메이션 역사에서 지금까지 경험하지 못했던 혁신적인 변화와 발전으로 나타날 것이다.

종교와 AI?

생성형 애니메이션의 동반적 성장

최근 생성형 AI와 애니메이션 산업의 융합으로 애니메이션 제작 분야에 대한 진입 장벽은 지금보다 훨씬 더 낮아질 수 있다는 낙관적인 시각이 지배적이다. 그것은 소수의 전문적인 창작 집단에 의해 형성되고 유지됐던 애니메이션 산업의 생태계에 불어닥칠 큰 변화를 예고하는 것이기도 하다.

더욱이, 대중적으로 형성된 유희적인 창작 문화는 문화콘텐츠 산업 전반에서 창작과 소비의 경계를 무너뜨리고 있다. 이러한 관점에서 생성형 애니메이션 제작의 대중화를 위한 문화 산업적인 토대가 충분히 형성되어 있다고 볼 수 있다. 특히, 전통적인 애니메이션과 비교해 볼 때, 상대적으로 매우 높은 편의성과 효율성을 지닌 생성형 애니메이션의 제작 방식을 통해 애니메이션 창작의 대중화가 크게 일어날 것으로 기대한다.

한편으로는, 생성형 애니메이션 시장 초기에는 질적인 측면보다는 양적인 성장에 치우칠 수 있다는 우려의 목소리도 있다. 그러나 그것은 '반(反)대중적' 우월주의에서 비롯된 소수의 케케묵은 시각으로 봐도 괜찮을 듯하다. 우리는 영상 산업의 중요한 축으로 자리 잡은 1인 미디어 산업 분야의 발전 과정을 지켜보며 대중의 집단적 창작이 지닌 강력한 문화 산업적 힘을 경험했다. 물론, 1인 미디어 시장 초기에는 성찰 없는 맹목적인 양적 확대만 이루어지고 있다는 비판도 있었다. 그러나 그들의 영상 언어와 형식, 주제와 소재, 내용은 레거시 미디어(legacy media)의 창작 집단이 쉽게 다룰 수 없었던 일상의 세세한 모든 것들을 담아내며 대중적인 영상 콘텐츠 산업 분야로 급성장했다. 그뿐만 아니라 코로나 19시기를 거치며 그들은 숏폼 등 새로운 형식의 영상 콘텐츠 시장을 선도적으로 이끌어가며 여전히 강력한 산업적 영향력을 보여주고 있다.

생성형 애니메이션의 산업적 활성화를 전통적인 애니메이션 산업과의 충돌로 봐서는 안 될 것이다. 오늘날의 대중은 전통적인 영화와 드라마뿐 아니라, 뉴미디어 플랫폼을 통해 자신의 관심과 흥미를 자극하는 다양한 숏폼 영상 콘텐츠를 소비한다. 마찬가지로, 디즈니 스튜디오와 스튜디오 지브리의 극장용 장편 애니메이션을 좋아하면서도 이제껏 애니메이션 산업에서 쉽게 접할 수 없었던 다양한 주제와 소재, 그리고 형식의 생성형 애니메이션에 대해 열광할 수도 있는 것이다. 이러한 관점에서 볼 때, 생성형 애니메이션 산업의 활성화는 애니메이션 제작 영역의 확장을 통한 전통적인 애니메이션 산업과의 동반적 성장이라는 긍정적인 시각이 필요하다.

전통적인 애니메이션 제작 인력의 미래

디지털 신기술의 등장은 때때로 해당 산업 분야의 종사자들에게 강한 두려움을 주기도 했다. 2000년대 초반 실사 동작의 데이터를 3D 캐릭터 애니메이션에 적용할 수 있는 모션 캡처 기술이 출현했을 때도 많은 애니메이터는 모션 캡처를 사탄(satan)으로 지칭하며 자신들의 업무를 대체할 위협적인 기술로 바라봤다. 이러한 관점에서 보면 생성형 AI의 애니메이션 생성 능력은 훨씬 더 두려운 존재로 인식될 수 있다.

생성형 애니메이션의 두 유형인 페르소나 애니메이션과 프롬프트 애니메이션은 창작자의 애니메이션 제작 목적에 따라 선택적으로 접근할 수 있다. 먼저, 페르소나 애니메이션은 창작자의 실사 동작을 매개로 생성되는 애니메이션 제작 형식으로, 누구라도 의도적이거나 임의적인 이야기를 통해 자신의 새로운 자아를 형성할 수 있다. 더욱이, 페르소나 애니메이션은 그와 같은 유희적인 형식적 특징을 토대로 1인 미디어 산업의 성장 과정에서처럼 콘텐츠의 다양성을 확보하며 애니메이션 산업의 확장을 주도할 수 있을 것이다.

이러한 시각에서 본다면 페르소나 애니메이션 시장의 성장은 애니메이션 제작 영역의 산업적인 확장을 의미하는 것으로서, 전통적인 애니메이션 산업과 종사자들에게 위협을 주는 것은 결코 아니다. 오히려 페르소나 애니메이션의 출현과 활성화는 애니메이션 산업 전반의 새로운 도약과 발전을 위한 기폭제가 될 것으로 기대할 수 있다.

프롬프트 애니메이션은 페르소나 애니메이션과 달리 텍스트 기반의 동영상 생성형 AI를 기반으로 한다. 그리고 프롬프트 애니메이션의 제작 형식은 '텍스트-애니메이션'이지만, 본질적인 구조적 특징은 '지시-생성'이라고 할 수 있다. 다시 말하면, 창작자가 수행하는 프롬프트 엔지니어링 과정은 자신이 의도하는 애니메이션을 위한 '지시'에 해당하는 것이며, 생성형 AI 기술을 기반으로 하는 제작 전반의 자동화 처리 과정은 애니메이션이 '생성'되는 것으로 볼 수 있다. 특히, 프롬프트 애니메이션의 제작 형식이 지닌 장점은 반복적인 프롬프트 엔지니어링 과정을 통해 창작자가 의도하거나 상상하는 장면을 표현하고 생성할 수 있다는 것이다.

이처럼 프롬프트 애니메이션은 창의성의 경계를 뛰어넘는 무시무시한 창조력을 지닌 것으로 볼 수 있다. 그리고 캐릭터의 세밀한 표정이나 자연 현상 등도 자연스럽게 표현하고 생성할 수 있을 만큼 뛰어난 기술력을 근간으로 하고 있기도 하다. 그러나 캐릭터 애니메이션의 연기적 행위를 프롬프트를 통해 총체적으로 지시하기는 쉽지 않은 작업이다.

캐릭터 애니메이션의 연기적 행위는 캐릭터의 표정, 몸짓, 자세, 동작, 색채, 외형 등의 조형적 요소로 구성되고 표현된다. 전통적인 애니메이션 제작 방식에서는 애니메이터가 그러한 요소들을 통해 캐릭터의 개성과 성격을 잘 드러내야 하는 업무를 수행했다. 그리고 애니메이터는 대표적인 애니메이션 원리인 타이밍(timing)과 과장(exaggeration)의 원리를 자신의 미학적 감각을 토대로 캐릭터의 동작에 적용하여 시각적으로나 정서적으로 가독성 높고 생동감 넘치는 캐릭터 애니메이션을 완성하는 것이다(오동일, 2019). 이처럼 전통적인 애니메이션 제작 과정에서는 애니메이터가 작품 전반의 서사와 정서적 맥락을 효과적으로 표현하기 위해 각각의 조형적 요소를 세밀하게 조작하며 연기적 행위를 만들어 나간다. 이런 관점에서 볼 때, 제작의 편의성과 효율성이 우수한 프롬프트 애니메이션의 제작 방식이 극장용 장편 애니메이션을 포함한 다른 모든 장르의 캐릭터 애니메이션에서 일반적으로 활용되거나 적용되기는 쉽지 않을 것이다.

디즈니 스튜디오나 스튜디오 지브리 등 유명 애니메이션 제작사의 극장용 장편 애니메이션 제작에 참여하는 애니메이터들의 현장 경력은 대개 수년에서 수십 년에 이른다. 그리고 이들이 애니메이션 제작 과정에서 보여주는 예술적 통찰은 여러 조형적 요소들의 구성으로 이루어진 고유의 미학적 스타일로 표현되기도 한다.

이러한 사실에서 한 가지 중요한 질문을 할 수 있을 것이다. 예술적 영감과 미학적 경험이 풍부한 디즈니 스튜디오의 애니메이터들이 창의적이며 통찰적인 애니메이션 작업을 통해 표현한 캐릭터의 개성이나 작품 전반의 정서적 분위기 등과 같은 것을 프롬프트 엔지니어링 작업만으로 생성할 수 있을까? 가능할 수도 있다. 다만, 셀 수 없을 만큼의 무한 반복적인 프롬프트 엔지니어링 작업 과정이 요구될 것이며, 그에 따라 제작의 효율성이라는 생성형 애니메이션의 장점이 퇴색될 수밖에 없을 것이다. 즉, 과거 모션 캡처 기술이 등장했을 때와 마찬가지로 애니메이션 산업과 생성형 AI가 융합되는 이 시점에도 애니메이터의 전통적인 작업 영역은 확고히 자리하고 있다는 사실을 알 수 있다.

더 나아가, 프롬프트 애니메이션 시장은 앞서 설명한 페르소나 애니메이션 분야와 같이 하나의 애니메이션 제작 영역이 확장되는 것으로 바라보는 것이 바람직하다. 그러므로 향후 애니메이션 산업의 생태계에는 전통적인 극장용 장편 애니메이션과 TV 시리즈 애니메이션, 그리고 플랫폼을 중심으로 공유되는 생성형 AI 기반의 페르소나 애니메이션과 프롬프트 애니메이션 분야가 각각 고유의 산업적 영역으로 공존할 것이다.

애니메이션 산업의 변화와 미래

애니메이션 산업과 생성형 AI 기술의 융합은 애니메이션의 기획, 제작, 유통, 소비로 이어지는 생태계의 구조와 환경에 급진적인 변화를 일으키고 있다. 생성형 AI 기술은 텍스트의 입력만으로 애니메이션을 생성함으로써 제작 시간과 비용을 크게 줄여주기도 하고, 페르소나 애니메이션과 같이 '실시간 애니메이션(real-time animation)'이라는 새로운 애니메이션 형식의 토대가 되기도 한다.

이처럼 생성형 AI 기술의 발전에 따라 애니메이션 산업이 성장할 수 있는 혁신적인 기회는 더욱 확대되고 있다. 실제로, Prophecy Market Insights의 연구보고서에 따르면, 2024년 생성형 AI 애니메이션 시장 규모 및 점유율은 89억 달러로 평가되었으며, 연평균 성장률 36.1%로 성장하여 2034년에는 1,475억 달러에 이를 것으로 전망하고 있다(Khangan, 2024).

앞서 설명한 바와 같이 전통적인 애니메이션 산업 분야인 극장용 장편 애니메이션과 TV 시리즈 애니메이션 등은 고유의 미학적 차별성으로 미래에도 지금의 위치를 공고히 지키고 있을 것으로 예상한다. 그러나 전통적인 애니메이션 제작 방식은 생성형 AI 기술을 부분적으로 활용한다고 할지라도 태생적으로 많은 제작 시간과 인력이 필요하다. 더욱이 그러한 애니메이션 제작 방식으로는 유튜브, 틱톡 등의 플랫폼을 기반으로 빠르게 변화하는 영상 산업의 환경과 대중의 요구에 적절하게 대응하는 것은 현실적으로 쉽지 않다. 이러한 관점에서 볼 때, 생성형 AI 기술은 산업적 수요와 소비자의 요구에 즉각적으로 반응할 수 있는 혁신적인 애니메이션 제작 환경을 조성할 것이며, 플랫폼 기반 산업의 확장과 활성화를 이끌 수 있을 것이다.

특히, 생성형 AI 기술은 미래 엔터테인먼트 시장을 주도할 것으로 예상되는 가상현실(virtual reality) 기술과의 융합을 통해 '실감 애니메이션(immersive animation)' 분야를 빠르게 발전시킬 것으로 기대된다. 실감 애니메이션이란 생성형 AI와 가상현실 기술의 융합으로 생성되며, 사용자와 가상의 캐릭터가 실시간 상호작용할 수 있는 실감의 애니메이션 세계를 의미한다.

최근 가상현실 기술의 산업적 확대로 실감의 몰입형 환경에 대한 대중적 수요가 증가하고 있으며, 게임 산업 분야가 그 흐름의 주도적인 역할을 하고 있다. 이러한 산업적 추세 속에서 사용자가 HMD(Head Mounted Display) 등의 장치를 착용하고 실감의 애니메이션 세계로 들어가 자신이 좋아하는 캐릭터들과 소통하며 모험을 즐길 수 있는 시대가 머지않아 다가올 것이다. 이렇듯 생성형 AI와 애니메이션 산업의 융합으로 맞이할 미래는 우리가 지금까지 경험해보지 못했던 혁신적인 변화와 발전으로 나타날 것이다.

참고문헌

오동일(2019). 애니메이션 캐릭터 연기의 본질과 미학적 차별성 연구. ≪애니메이션연구≫, 243-271쪽.

오동일(2024). 스타니슬랍스키의 에튀드를 활용한 애니메이션 연기 교육의 효용성 연구. ≪애니메이션연구≫, 63-82쪽.

편집부(2024). 애니메이션과 VFX(시각특수효과) 분야의 생성형 AI 도입을 둘러싼 논란과 시사점. ≪디지털 미래와 전략≫,

40-45쪽.

Khangan, M.(2024.10.22). Generative AI in animation: Growth drivers, emerging trends, and opportunities. USA WIRE, https://usawire.com/generative-ai-in-animation-growth-drivers-emerging-trends-and-opportunities/

Stripinis, D.(2001.11.19). Exorcising Satan's rotoscope: Motion capture from an animator's perspective. Game Developer, https://www.gamedeveloper.com/programming/exorcising-satan-s-rotoscope-motion-capture-from-an-animator-s-perspective

오동일

선문대학교 영화영상학과 교수. 중앙대학교 예술대학 연극학과(이론 · 연출전공)를 졸업하고 동 대학 일반대학원에서 석사학위를, 영국 사우스웨일즈대학교에서 디즈니와 일본 장편 애니메이션의 비교 연구로 박사 학위를 받았다. 현재 한국애니메이션학회, 한국디지털영상학회, 한국캐릭터학회, 고려대학교 한국학연구소에서 편집위원장, 편집위원, 이사 등으로 활동하고 있다. 애니메이션, 영화와 다큐멘터리, 문화콘텐츠, 인터랙티브 엔터테인먼트, 게임 분야의 학술논문 약 40편을 등재학술지 등에 게재했으며, 『디즈니 스튜디오』(2016) 등 총 4권의 저 · 역서를 출간했다. 한국애니메이션학회로부터 우수저술상을 수상하기도 했다.